周期波动下的
国家、社会和个人

小 Lin

中信出版集团 | 北京

图书在版编目（CIP）数据

时势：周期波动下的国家、社会和个人 / 小 Lin 著
. -- 北京：中信出版社，2023.12（2024.6重印）
ISBN 978-7-5217-6094-1

Ⅰ.①时⋯ Ⅱ.①小⋯ Ⅲ.①经济学－通俗读物 Ⅳ.① F0-49

中国国家版本馆 CIP 数据核字 (2023) 第 202848 号

时势——周期波动下的国家、社会和个人
著者： 小 Lin
出版发行：中信出版集团股份有限公司
（北京市朝阳区东三环北路 27 号嘉铭中心　邮编　100020）
承印者： 嘉业印刷（天津）有限公司

开本：880mm×1230mm 1/32　印张：9　　字数：180 千字
版次：2023 年 12 月第 1 版　　印次：2024 年 6 月第 7 次印刷
书号：ISBN 978-7-5217-6094-1
定价：59.00 元

版权所有·侵权必究
如有印刷、装订问题，本公司负责调换。
服务热线：400-600-8099
投稿邮箱：author@citicpub.com

目 录

序言　经济学是有温度的　...V

第一章　日本之殇·一
泡沫是怎样产生的

日本经济的复苏期（1946—1954）　...3
日本经济的崛起期（1954—1972）　...4
经济低迷期成功转型（1973—1985）　...9
《广场协议》的始末（1985）　...10
日本的经济泡沫　...17
日本经济大崩盘　...23

第二章　日本之殇·二
失落的三十年

失落的三十年始末　...35
经济刺激政策为何未达预期　...59
日本的现状：迎来通胀　...64

第三章　日本之殇·三
暴跌与闪崩

日元汇率暴跌的来龙去脉 73
日元汇率暴跌导致的后果 78
日本政府的两难处境 82
外国资本做空日本国债 85

第四章　韩国
祸福相依的韩国经济

独立初期，百废待兴 95
民主时期的韩国经济 107
韩国飞速发展的后遗症 115

第五章　印度
"神奇"的印度经济

从被殖民到独立，印度经济的复苏之路 123
全球"外包之王" 126
世界第一人口大国 128
印度经济发展的底层问题 131
经济发展不均衡带来的问题：巨大的贫富差距 140

第六章 希腊
希腊债务危机

希腊经济的"奇迹" 145
救命稻草——欧盟 149
财务造假，混入欧元区 151
初入欧元区，经济被盘活 151
在次贷危机中"裸泳" 154
"欧洲三马"的救助 156
希腊民众的反抗 159
希腊的现状：任重而道远 161

第七章 欧盟
欧盟的诞生与危机

欧盟及欧元区的形成 165
欧债危机始末 170

第八章 英国
英国经济与"脱欧"始末

地理：英国到底由哪几部分组成 181
历史：从辉煌到没落 182
英国"脱欧"始末 193
英国的现状：在动荡中前行 201

第九章　中东
成也石油，败也石油

从天而降的石油（1860—1930） 207

"七姐妹"时代（1930—1970） 209

OPEC 时代（1970—1990） 216

混乱时代（1990 年至今） 223

第十章　俄罗斯
独一无二的俄罗斯经济

苏联时期的国民经济 235

寡头垄断时期 239

普京时代 245

2022 年能源危机 249

第十一章　土耳其
特立独行的土耳其经济

土耳其的经济发展背景 257

特立独行的土耳其总统 264

后记 275

序言

经济学是有温度的

小 Lin

Hi，很高兴见到你，我是小 Lin。

可能很多朋友是从"小 Lin 说"的频道中知道我，我也很荣幸能通过分享与财经及金融相关的知识被更多朋友认识。

我为什么普及财经知识

我想先说说为什么会做经济、金融类的内容。

我的教育背景一直围绕经济和金融，本科在北京大学读的是经济学院金融专业，之后去哥伦比亚大学读的金融数学硕士。在我的知识结构中，可以说充满了各种各样的理论、模型，比如：供给、需求曲线该怎么变化，期权该怎么定价，等等。

在很多人看来，这种教育背景应该就是"科班出身"了吧？

可实际上，我上学的时候，看新闻、读研究报告、研究央行政策也是一头雾水，可能只是比非专业人士多知道一些比如 GDP（国内生产总值）、CPI（消费价格指数）的几种不同算法而已。

其实不只是我，当时我身边很多同学都不觉得经济、金融有趣，只觉得这些理论冰冷而无聊。而现实生活中，很多人觉得有意思的、会在饭桌上饶有兴致谈论的所谓"有趣"的财经内容，又大多充斥着八卦、小道消息和阴谋论。

当真正在金融圈里开始工作、身处交易中时，我真切地看到身边机敏的销售人员根据那些"枯燥"的经济数据侃侃而谈，劝说客户做某笔交易；资深的交易员根据经济形势，动辄留下上百万美元的风险敞口，书本上"冰冷"的理论和有"温度"的现实，开始在我的脑海里碰撞融合。

我还清楚地记得在金融圈时每次公布重要经济数据的场景，比如一些重要公司发布财报，或者美国劳工部发布类似 NFP（Non-Farm Payrolls，美国非农就业数据）这样的经济数据。NFP 是当天早上 8：30 准时发布，大家提前十分钟就会全都上好厕所、冲好咖啡，蓄势待发。数据公布前半分钟办公室所在的整个楼层可以说鸦雀无声，大家都紧盯着屏幕等待。8：30 数据一公布，整层楼轰的一下炸开了锅，市场会根据数据相应做出剧烈的波动。

刚开始的时候，我也不明所以，并不明白为什么这个数据对市场来说这么重要。于是，在下个月 NFP 公布之前，我做足了功课。我了解到，这个就业数据是美联储最看重的，它的好坏决定了美联储量化宽松政策的走向：要不要加息，要不要缩表。

就这样，在摩根大通工作的那几年，我逐渐感受到了经济与金融的温度。

现在我希望能够客观、专业地将这种温度，从冰冷的数据和金融市场背后，传达给你。

我在和身边朋友交流时，能感觉到几乎每个人都想了解一些经济学知识，我个人也认为，每个人也都有必要了解一些经济学知识：

> 加息、降息对我们有什么影响？
>
> 利率、发行货币和股市、楼市、汇率之间有什么联动关系？
>
> 通货膨胀和通货紧缩为什么都那么可怕？
>
> ……

可问题是，这些理论知识对很多人来说太过复杂、冰冷。其实，每个国家的经济都有自己的特色，了解之后，你会发现从经济学的角度来审视这个世界，会有很多不同。

我希望这本书能帮助大家了解全球市场的参与者，包括各个国家的政府、企业、个人、央行、监管机构等，以及OPEC（石油输出国组织，简称"欧佩克"）、欧盟、国际货币基金组织等组织。它们之间牵一发而动全身，时时刻刻在博弈：

> 围绕石油，中东、英美、俄罗斯之间展开了怎样的较量？
>
> 20世纪80年代石油危机，韩国为什么没受到太大影响？
>
> 日本的财团怎么将日本拖进失落的三十年？日本央行又怎么发明了量化宽松政策？
>
> 欧洲央行和日本央行印钱为什么没有达到刺激经济的目的？

欧盟的制度在底层有什么根本冲突？
……

你会发现大部分国家在二战后都会经历一段裙带资本主义（Crony Capitalism）时期；你会发现 20 世纪 80 年代石油危机和资本自由化的大背景下每个国家都有自己不同的境遇；你会发现 2000 年初全球的资本狂欢，给之后的金融海啸埋下了伏笔。

坦率地讲，从某种程度上我研究这些国家，把自己对它们的理解写出来，是因为我对这些真的很着迷。每一篇内容，其实也是从自己感兴趣的国家、专题出发，然后啃下大量有点晦涩、有点冰冷的报告、新闻及数据，再从中思考现象和数据背后的逻辑、各方力量的博弈，直至表象背后的温度。而当对某一个国家、某种经济体制、某个政策有了更深刻的理解时，我是非常兴奋的。

我也希望把我体会到的温度、让我着迷的点以及经济学的底层逻辑分享给你们，尽我所能，用通俗易懂的语言把我对经济学的理解表达出来。

最近，越来越多的人给我留言，说我分享的内容让他们燃起了对经济学的热情。这里面也不乏很多财经领域的学生。看到这些，我真的非常开心。也希望大家读了这本书，不仅能了解这些国家、了解经济学知识，也能体会到经济学的乐趣、经济学的温度。

财经金融不无聊，也远没大家想的那么复杂与烦琐。

这本书讲了什么

那么，这本书到底讲了些什么呢？

让我总结，从表面上看，可以用一句话概括：用"人话"带大家一口气了解各国经济及其背后的底层逻辑。

可能有人会觉得，你给我介绍一个国家的经济只用一两万字，人家好几本书都不一定讲得明白呢，就这么点篇幅，肯定讲不清楚，肯定有很多东西没讲。

从这个角度来看，书中有些内容确实讲得不够深入、不够全面，我并不否认这一点。

但我也恰恰觉得，"精练"是这本书非常主要的价值。它是一本"通俗"读物，我也希望大家对这本书有这样的预期。

这本书的内容是经过大量简化、提炼的，是精简最核心、最基本的一些原理，用人人都读得懂的语言表达出来的。

这也和我长期从事自媒体工作的习惯相关：在一个视频中，能用一句话表达的内容就不用两句话，连续三句话观众不爱听就会滑走了，我必须尽量保证每句话都对观众有吸引力。

如果你也希望花二三十分钟了解一个国家的经济、历史、特点，还能清楚这背后的经济学原理，那么恭喜你，这本书就是为你量身定制的！

当然，也正是因为我在写作过程中进行了大量的内容筛选和简化，本书可能会给一些人造成"经济学也不过如此"的错觉。所以我在这里特别提醒大家：千万别读过这本书以后就感觉经济学是浅显的，认为自己是百年不遇的经济学天才，冲进金融市场打算搅动全球资本。

以史为镜，可以知兴替。从这些国家的发展规律当中，产生自己的理解和思考，帮助自己审时度势，在生活和人生选择方面有所裨益，是我更加期待的。因此，这本书有了它站在更高维度的名字——《时势》。

在内容的呈现上，我尽量做到客观，所以书中使用了不少图表和数据。

而客观、数据其实会限制一些观点的表达，让大家读起来似乎没那么过瘾。做任何分析都要查数据、引用数据，这是一种非常累、有时也会限制思路的做法。我经常在一通分析后，自我感觉已经形成了一套精妙的逻辑链，或者想表达一个大部分人都很赞同的观点，结果一查数据，发现根本无法验证自己的观点，甚至事实与我的假设恰恰相反。在这种情况下，我只能推翻自己的逻辑，毕竟数据是不会骗人的。

我们生活在一个信息爆炸的时代，各个国家的经济专业书籍很多，随便一个什么信息你随手一搜，0.05秒就能有上万条搜索结果，完全不缺信息来源。

可问题是，很多专家、大师讲得太专业，听着费劲；大部分快餐式的短视频又缺乏专业性与严谨性，呈现的内容不一定可靠。

我想大家其实缺少的是：有人可以通过可靠的信息源，把专业的信息和知识，整理成"人话"，分享出来。

我希望这本书能够做到这一点。

日本之殇。一

第一章 泡沫是怎样产生的

导　语

日本，绝对可以称得上 20 世纪最奇妙的经济体之一：从一个二战的战败国迅速崛起，创造了史无前例的经济奇迹，却又吹出了全球近代史上最大的资产泡沫；泡沫破裂之后，持续了长达 30 年的经济停滞始终不见起色。这究竟是日本经济制度的问题，还是日本央行的失误，又或是经济规律的必然？

本章从日本经济中重大事件的角度切入，还原日本经济为何如此特别。

日本经济的复苏期（1946—1954）

二战之后日本本国大约有 40% 的工厂和基础设施被毁，国内的情绪非常低落。同时，战争的极度消耗使日本欠下了巨额债务，日本的 GDP 在这时也出现了大幅下降（图 1-1）。

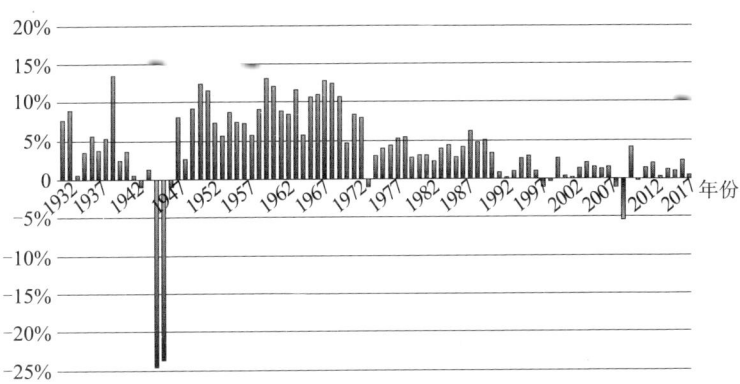

图 1-1　日本 GDP 增长率

来源：世界银行

美国于 1945 年到 1952 年接管日本，帮日本进行战后恢复，其中包括帮助日本制定宪法，进行土地法改革、劳动法改革、教育改革等等，以极快的速度帮助日本完成经济重组。改革完成后，美国于 1952 年撤军。

再有就是三年的朝鲜战争（1950—1953），美国产生的大量物资需求基本都落到了日本头上，这些需求真正帮日本摆脱了战后的内需不足。

可以说，是美国帮助日本从战后的一塌糊涂中迅速爬出泥潭。

现在看来，这两个国家的关系还挺有趣的，前脚刚炸了珍珠港、扔了原子弹，后脚就各种合作互助。真是应了那句话：没有永远的敌人，只有永远的利益。

日本经济的崛起期（1954—1972）

在接下来的时间里，日本的经济体制基本重启，整体的人口素质非常高，物价水平又非常低，也就是说日本有一大批聪明的廉价劳动力，又赶上当时经济全球化的浪潮，自然成了"世界工厂"。

日本先是大量出口农产品，接下来的 10 年是电子产品的天下：相机、电视机……一大批日本公司在此期间成长为巨头。日本经济进入了飞速发展期：1954—1972 年，GDP（国内生产总值）的平均增速超过了 10%，持续的高速增长让全世界经济学家吃惊到下巴都掉到了地上，还产生了"日本经济奇迹"这个专有名词。

我们不妨将日本和美国的 GDP 情况做个对比。美国从 1881 年以来的人均 GDP 绝对可以说是冠绝全球了，100 多年几乎在持续上涨，只有 1930 年大萧条时期有个明显的低谷，但紧接着二战来了，人均 GDP 继续增长。

相比之下，日本人均 GDP 走势，可能也没有你想象的那么猛（图 1-2），但如果放在对数坐标系下观察（图 1-3），两者的变化趋势会体现得更加清楚。可以看出来日本人均 GDP 趋势在二战之后有一个更大的低谷，只有不到 3 000 美元，不到美国的 1/5。可是之后的 20 年，日本经济奋起直追，也就是日本经济奇迹时期，1973 年追到了美国的 2/3，完成了神奇的举国大跃迁。

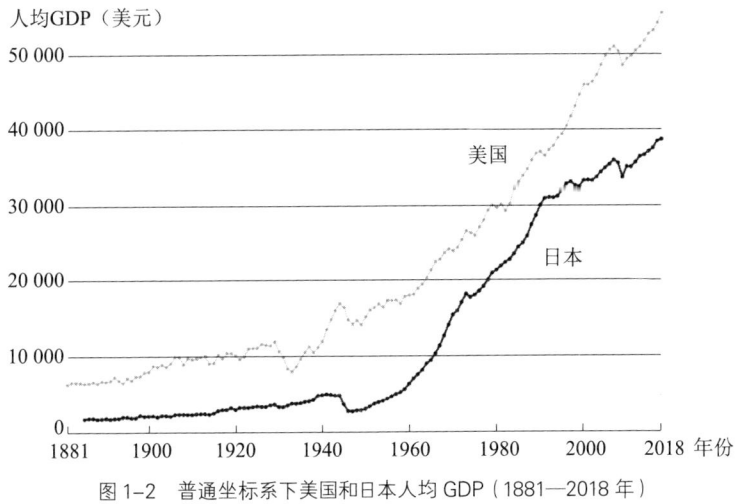

图 1-2　普通坐标系下美国和日本人均 GDP（1881—2018 年）
注：以 2011 年国际美元价格为基准，并已根据物价水平调整。
来源：Our World in Data；Maddison Project Database 2020

接下来，就要触碰到日本经济非常有意思的地方了。

为什么日本经济如此特殊？为什么全球经济学家都要把日本

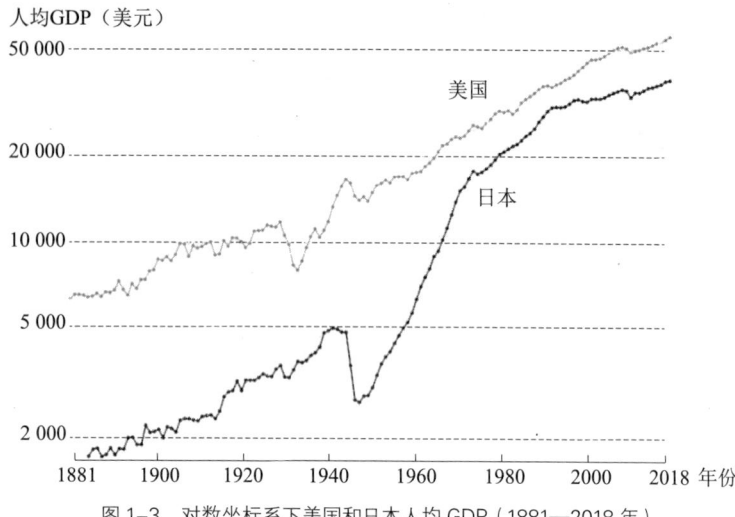

图 1-3 对数坐标系下美国和日本人均 GDP（1881—2018 年）

注：以 2011 年国际美元价格为基准，并已根据物价水平调整。

来源：Our World in Data；Maddison Project Database 2020

经济单独拿出来讨论？

日本经济之所以能在这 20 来年，包括之后的 10 多年保持高速增长，而后来又出现泡沫，最后壮烈崩塌，有一个非常重要的底层原因——财团体系。

日本的财团体系

从 1860 年到二战之前，日本的经济基本上被一些特别大的家族控制着。它们控制着日本经济中的各大命脉产业。这些家族被称为"财阀"，日语叫"财阀"（Zaibatsu），大概意思就是经济上的一种垄断联盟。

当时日本有四大财阀：三菱财阀（Mitsubishi）、三井财阀（Mitsui）、住友财阀（Sumitomo）、安田财阀（Yasuda）。几大财阀富可敌国，强大到连日本政府需要钱都得找这几大财阀去商量，所以很多人认为20世纪日本挑起的多次战争都是这些财阀在背后推动的。

二战之后，在美国的主导下，日本把这些财阀全部拆分了，很多资产都收归国有。

可没想到，这种抱团意识在百年后已经深入日本经济的骨髓，将财阀解散，日本经济反而陷入迷茫。这些财阀被拆分后，其原来的成员像电影里的终结者一样，已经被分散到各处，但没过几年居然又开始自发聚拢，先是聚成一些小联盟，最终又几乎原封不动地回来了。对于这种根深蒂固的形式，美国十分无奈，但又没什么特别好的办法，只能顺其自然。

新形成的这些集团不再叫财阀，而是叫财团（Keiretsu），主要有6个，它们将在未来半个世纪主导日本的经济：三菱财团、三井财团、芙蓉财团（Fuyo）、住友财团、第一劝银财团（DKB Group）、三和财团（Sanwa）。

这些财团都是以若干家大银行为核心，横向控制电子、汽车、石油、食品等一系列产业链。在财团内部，公司之间的联系非常紧密，互相持股，领导层经常一起开会甚至聚会，包括高管在内，人员都是可以流动的，形成了一个小的商业生态链。

为什么以银行为核心呢？因为银行手握大量的资金，也就是具有很强的流动性，如果哪个财团的流动资金吃紧，银行一笔低息贷款直接到账。举个不恰当的例子，比如财团里三菱汽车卖不出去，在群里一吆喝：大家今年帮我们冲冲业绩，多买我们的车啊！销量一下就上去了。

当然实际上没有这么夸张，不过大家可以看得出来，财团的机制使内部形成合作关系，对于其中的公司有相当强的推动和扶持作用。

而财团包括两种类型：横向的跨领域类型，纵向的连接整条产业链的类型。大部分制造业巨头——丰田、东芝、尼桑都是原材料、生产、销售一条龙，从下游到上游，可能有多达上万家公司。这就是典型的裙带资本主义。

有人不免疑惑：这种形式的财团不是和俄罗斯的寡头经济差不多吗？美国不也有一大堆巨头吗？

日本这些财团之所以不同，在于它们不光是纵深统治一个领域，还横跨经济中的多个领域，一个财团囊括成千上万家公司，分布在经济的各个领域，而且都是以银行为中心。

日本的财团或者财阀制度影响着日本的经济，在后文大家就可以看到。

现在回过头来看日本高速发展的时期，这种财团体系发挥了巨大的优势：它非常有利于提高效率、整合资源、降低无谓竞争，员工基本都是终身雇用，所以人员流动性很小。因此才有了图1-3那条惊人的曲线。

读到这里，大家是不是觉得日本经济有点意思了？这只是个开始，让我们慢慢深入。

经济低迷期成功转型（1973—1985）

时间来到20世纪70年代，1973年和1979年发生了两次石油危机。日本当时99.7%的石油都依赖进口，油价暴涨，导致本国发生输入型通货膨胀（图1-4）。在很短的时间内，日本民众都觉得：为什么一下子东西都这么贵？这也就导致日本国内消费减少，需求降低，经济下滑。

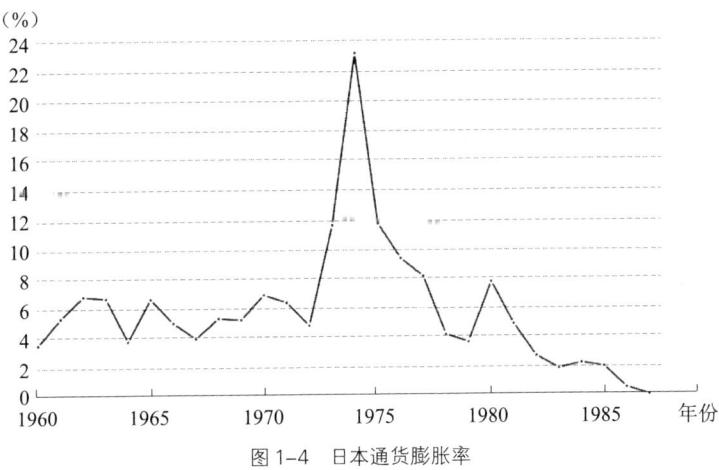

图1-4 日本通货膨胀率

来源：日本总务省

不过，日本虽然受石油危机的冲击不小，但还是在此期间成功地从粗放的生产导向型经济转型成了技术导向型经济。比如，丰田独创了TPS（丰田生产体系），极大地提升了工厂流水线的生产效率。

石油危机导致油价飞升，而日本车因其省油的性能，越来越受到全世界消费者的青睐。

1960年，丰田的年产量还只有15万辆，1980年就已达到330万辆。

日本的一众品牌，包括索尼、东芝、松下、丰田、三菱、日立，都成了全世界消费者家里的常客。

虽然一些书中写到日本的GDP增速在石油危机时代降到了4%左右，但是当时全世界经济都不景气，日本已经是非常不错的在应对危机的同时实现转型的国家了。

《广场协议》的始末（1985）

虎视眈眈的美国

就在日本一切都顺风顺水，经济搞得风生水起的时候，有一个国家却如坐针毡、如芒在背、如鲠在喉，那就是美国。

我们把地球仪转半圈，看看美国那边的经济状况。20世纪70年代，美国先是单方面宣布美元和黄金脱钩，脱离布雷顿森林体系；接着两次石油危机让美国陷入高通胀，通胀率一度高达约14%（图1-5），同时经济停滞（图1-7）。美国陷入严重的滞胀。

滞胀就是指经济停滞（economic stagnation）和高通货膨胀（high inflation）的组合，是一类非常棘手的通货膨胀。

为什么说它棘手呢？通货膨胀，就是物价升高，一般源于两种情况：需求增多或者供给减少。如果是由高涨的需求引起的，

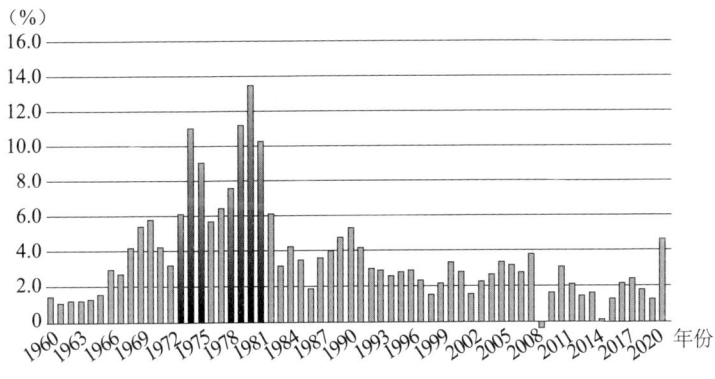

图 1-5 美国通货膨胀率

来源：美国劳工统计局

那国家可以通过抑制需求来给物价降温。但如果是源于商品的供给减少，比如成本升高或者卖家变少，那抑制需求的常规操作恐怕就不会奏效了。而石油危机引发石油价格上涨，成本增加使得工厂不得不提高价格或者减少产量，从而带来了滞胀。

新上任的美联储主席保罗·沃克大刀一挥，决定用非常激进的加息手段来稳住通胀，在 1981 年直接把联邦基金利率升到了接近 20%（图 1-6）。

结果呢？通胀是被稳住了，可是加息的副作用也很明显。一是抑制了本国经济，使美国经济大衰退（图 1-7）。

二是导致了货币升值。从图 1-8 中可以看到美元指数，即美元兑换一篮子其他货币的平均指数，在 1980 年美联储加息之后增加了近 1 倍。

第一章　日本之殇·一：泡沫是怎样产生的

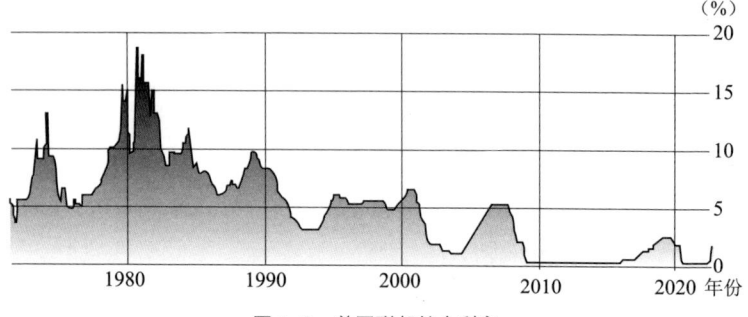

图 1-6 美国联邦基金利率

来源：美联储

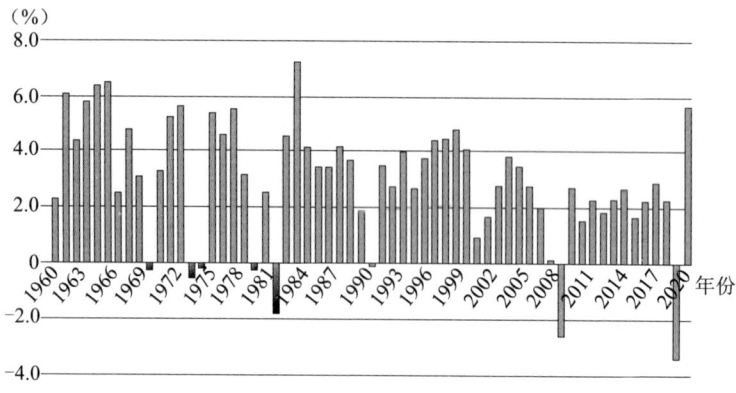

图 1-7 美国 GDP 增长率

来源：世界银行

三是导致了贸易逆差，美元升值，出口的东西贵了，自然会影响销量。从图 1-9 可以看出，美国的净出口就出现了巨大的亏空，就是说进口远大于出口，也就是巨额贸易逆差。

图 1-8 美元兑换一篮子其他货币的平均指数

来源：洲际交易所（ICE）

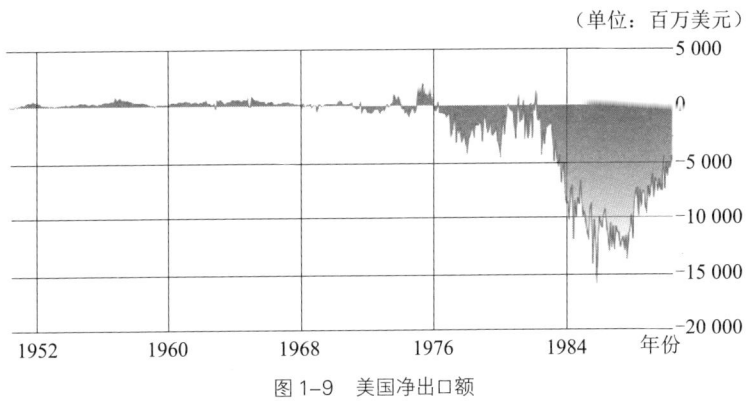

图 1-9 美国净出口额

来源：美国经济分析局

随着美元的快速升值，日本物美价廉的电子产品及汽车、半导体等产品一股脑涌进美国，美国的贸易逆差中有 1/3 都是因为日本商品的进入，美国的汽车产业也就是从这个时期开始一蹶不振的。所以说，经过了 20 世纪 70 年代的两次石油危机，日本成功转型，而美国身陷泥潭。

美国政府迫于本国各个工会，主要是强大的汽车工会的压力，加上 IBM、摩托罗拉等巨头的游说，和日本开启了贸易战，直接一刀切地限制每年进口日本车的数量，对日本的电子产品加收了高达 100% 的关税。

为泡沫埋下隐患：《广场协议》的签署

但这些措施没有达到预期的效果，美国政府觉得不能让这种情况持续下去，需要让美元贬值！

1985 年 9 月 22 日，美国把日本、法国、英国、联邦德国的代表叫到了纽约的广场饭店，五方达成著名的《广场协议》，联手抛售美元让其贬值，以缓解美国的贸易逆差。

当然，美国主要针对的就是日本和联邦德国，因为它对这两个国家的贸易逆差实在是太大了，所以要求这两个国家的货币升值来帮助美国缓解压力。

但联邦德国、日本为什么要签署这份协议呢？两国表面上肯定是表示希望美国经济向好，美国经济不好全球经济都要遭殃。实际上，它们签署该协议主要是因为美国是这两个国家最主要的客户，如果客户没钱或者和客户打贸易战，三方都不会有好结果，而且当时哪个国家都不想和美国把关系搞得很僵。

所以，大家迫于美国的"淫威"，就签署了《广场协议》，这个协议也成为日本之后一系列经济"臭棋"的导火索。

协议后果：日本经济奇迹不再

协议签署后，各国就按照协议的规定开始抛售美元。很快像美元升值速度那样，美元价值迅速回落。而日元价值开始飙升，日元兑美元汇率在一年中几乎翻倍，从 1 美元兑 250 日元涨到了 1 美元只能兑 130 日元，也就是说美国进口的日本车、日本电视机在一年之中就贵了一倍，这就导致日本产品失去了大部分的美国顾客！这对日本这种出口大国短期内冲击肯定很大。

所以 1985 年第四季度日本就陷入了经济衰退。此时，日本经济状况有以下三种表现：经济下滑、日元持续升值、通胀很低。

之前势头强劲的经济奇迹几乎停滞，而面对这三种情况，日本央行（即日本银行，在日本经常被简称为"日银"）怎样才能扭转经济颓势？对经济学略有了解的人都应该会知道标准答案——降息。

知识点延伸

降息的影响

降息对经济的影响主要有三个方面：一是鼓励消费和生产，刺激经济；二是促使物价上涨；三是促使本国货币贬值。

首先，大家可以想象一下作为一个普通消费者，降息对我们消费行为的影响。

通常情况下，降息意味着所有利率都下降，包括贷款利率。在这种情况下，我们看到自己购物车里还有几件很令人心动的商品，可能会想"下个月还款利息也不多，不如赶紧拿下"；或者走进4S店，听到车贷套餐，发现即使贷款3年，也不需要支付太多利息，于是当机立断拿下爱车。没错，降息是在鼓励大家"花钱"，个人花钱消费，企业花钱生产，经济活动更加频繁。

当大家都开始花钱，"买买买"的行为就会抬升物价，造成通货膨胀。

物价上涨、通胀严重，本来1元钱能买1个苹果，现在只能买半个，就意味着本国货币购买力下降；加上降息使得本国货币收益率降低，外币收益率相对升高，货币就有外流的压力，从而进一步导致本国货币贬值。

当然，对于本币贬值是好是坏我们不能一概而论。本币贬值意味着出口的商品变便宜了，对出口大国来说，这可能是一种战略。同时，按照外币标价的进口商品在本国市场上变贵了，进口量减少，因此单就对外贸易而言，本币贬值通常会使更多的钱流入本国。

所以日银在1986—1987年把基准利率从5%直接砍到了2.5%。很多人诟病日银降息，但结合日本当时的经济背景——经济低增长、出口大国、通胀很低，降息是非常标准的应对措施。1986年日银降息以后日本的经济迅速回到正轨，国内没有出现通货膨胀，日元兑美元汇率的升值也在逐渐减速，所以回过头来看，果断采取降息措施是很成功的。

日本的经济泡沫

但日银的降息力度太大，之后又没有采取有效的措施来中和降息的副作用，也就导致了日本经济的泡沫。

钱多了：经济泡沫产生的直接原因

降息的直接结果是——钱变多了。

低利率意味着向市场中投放了流动性，借款变得更加容易，大家就全都开始大量贷款，市场上的钱就变多了。钱多了总得有流去的地方，而钱的流向无非两个：一个是流入实体经济——导致通货膨胀；另一个是流入资本市场——导致资产泡沫。

日本降息导致的就是后者，钱开始大量流入股市和楼市。

从1985年到1991年，日本全国平均商用房价涨了3倍，像东京这种大城市的房价更是涨到了离谱的程度；1988年，东京银座区的房价达到每平方米22万美元，由此可见当时的房价涨得多离谱。

股市的表现更加直观，日本股指在这几年间涨了将近4倍（图1-10）。1989年12月达到了将近39 000点，至今也没有被超越。这也就造就了一个奇观,1990年全球市值最高的10家公司中日本公司占7家。

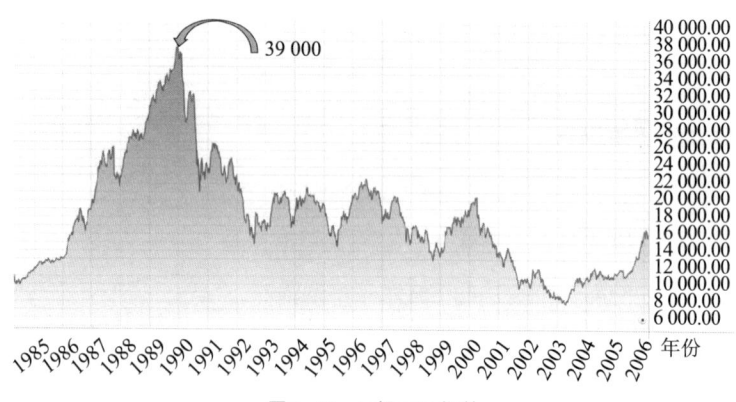

图1-10 日经225指数

来源:日本股票交易所

当时大部分日本公司都会用自己的钱炒股,尼桑在1989年从股市中得到的收益甚至要高于它卖车的收益。

股价一涨,日本公司就凭借着自己雄霸全球的估值开始到全世界买地、买公司,比如索尼花34亿美元买下了哥伦比亚影业,三菱地产公司花14亿美元买下了纽约地标性建筑——洛克菲勒中心。

这个时期的日本,被一股狂热、奢靡及自信心爆棚的风气所充斥,但凡有点钱就可以拿去炒股、买房,但凡买房、买股票就会一直赚钱,所以当时的日本民众体会了从来没体会过的感觉——钱原来可以来得这么容易!

日本财团：经济泡沫产生的深层原因

低利率肯定是产生泡沫的最主要原因之一，但将它视为唯一原因，是不够全面的。

远的不说，日本这种规模的降息可不是第一次了，可以看看日本的基准利率（图 1-11）。20 世纪 70 年代至 80 年代初，为了抑制通胀、控制汇率，日银两次进行大幅加息后又大幅降息，且降息幅度都不比 1986 年的这次小，虽然没有到 2.5% 这么低，但也没高出多少。更为关键的是：这几次降息的效果都很好，在后来都被认为很成功。

图 1-11　日本基准利率

来源：日本银行

既然前两次降息没发生什么大事，怎么 1986 年降息就导致了日本历史上最大的资产泡沫？

其实，这幕后还有一个很重要的玩家——日本财团。

银行过度放贷：经济泡沫产生的根本原因

一直以来，日本的经济核心都是这些财团，而这些财团的关键就是银行。日本的民众一直都比较保守，好不容易赚来的血汗钱，不炒股、不投资，就存银行！所以日本经济一直都遵循这一个非常简单的运行机制：民众把钱存入银行，然后银行（也就是这些财团的核心）把钱贷给各种公司。

银行是这一流程中的关键因素，而日本政府想要控制经济中货币的流通速度，除了利用利率，最主要的做法就是通知各大银行调整贷款的额度、资金的流向等，这种政策机制叫作"窗口指导"（window guidance）。一直以来，这种机制是很稳定的。但是时间到了20世纪70年代末80年代初，金融市场开始发生变化，主要表现在以下几个方面。

金融市场化

从20世纪70年代开始，日本进行了一系列金融市场化改革。这样做，其中一个原因是自然趋势，市场化肯定能更好地调配资源、释放更大的潜力；而另外一个更主要的原因是美国施压，美国眼见日本的金融市场包括汇率全都管制得很严，将日元汇率控制得很低，就建议日本向美国学习，把金融市场放开一些。

于是，日本开始全面放开自己的金融市场、外汇交易。

公司转向发债

放开金融市场以后，日本的债券市场也越来越开放，开放到何种程度呢？企业可以直接在市场上发行债券。当时，日银正好把利率降到了最低水平，很多公司衡量之后发现，在市场上发债比找银行贷款更划算，还省去了很多手续。于是，日本的大型上市公司开始把融资的方式从原来的银行贷款改为发债。

从 1985 年到 1990 年，日本公司开始大量借贷，而且主要来自发债，而不是银行贷款（图 1-12）。

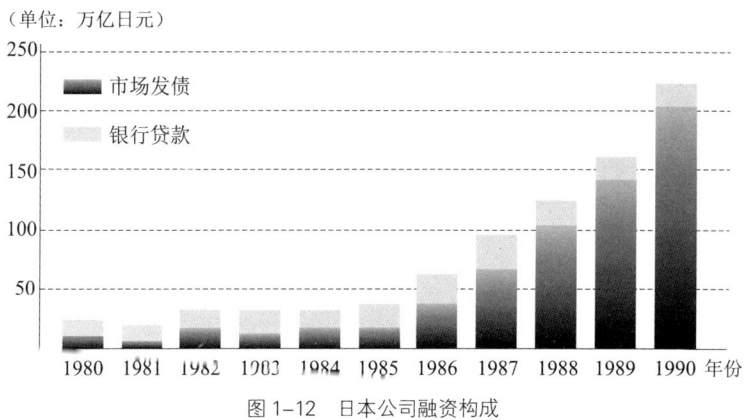

图 1-12　日本公司融资构成

来源：日本银行

银行的艰难

大公司的操作使银行的日子变得艰难，本身低利率时期银行就不赚钱，现在大公司的操作导致贷款无法贷出。但日银给这些银行进行窗口指导，给了各个银行贷款指标，银行又需要将这些贷款放出去，于是它们就进行了一些非常规操作。

过度放贷

各个银行被逼得没有办法，只能给信用差一些的公司发放贷款，甚至后来直接贷给个人。只要个人能抵押房子，银行就可以向其提供低息贷款。因为当时的楼市非常好，房子升值得很快，就算有人还不上贷款，银行可以没收房子，也不会亏损。

信用过度扩张

于是，银行把大量资金贷给了没有偿还能力的个人和企业，经济体中信用泛滥。不论小公司还是个人，都能轻轻松松地拿到低息贷款。在那个股价、房价飞涨的时代，拿到了贷款去干什么？当然是买房、买股票！

可以将以上原因总结成如下链条：

日本金融改革→全面放开金融市场→大公司自己去市场发债→银行日子难过→过度放贷→信用过度扩张→大家拿钱一起使泡沫越来越大……

这里面最严重的问题其实不是大家一起将泡沫吹大，而是信用过度扩张。如果民众只是用自己的钱疯狂炒股，问题或许还没这么严重，但是如果炒股的钱都是借来的，那问题就非常严重了！

会计准则的调整：经济泡沫产生的间接原因

银行不仅通过放贷导致泡沫，自己也直接参与制造泡沫。日本的财团相互交叉持有大量股票，整个股市有 2/3 的股票都是公司之间互相持有的，光是这些财团控制的银行所持的股票就占了将近一半，大家你中有我、我中有你。

1988年，日本出台了新的会计准则：银行手里持有的股票如果升值，其中一部分可以记作当年的真实收益。这个准则换成通俗的表达就是：只要股价一直涨，不管公司实际上赚不赚钱，账面上都是赚钱的；账面上赚钱，股价就会接着涨。这是一个相互促进的循环。当时的利率又那么低，财团就融资借钱相互买对方的股票，使泡沫越来越大，最后一发不可收拾。

总的来说，在日本经济泡沫从产生到膨胀的过程中，财团体系非常关键。它一方面逼得银行过度放贷，另一方面自己左手倒右手，再叠加低利率的大环境，于是泡沫越来越大，最终使危机之火迅速烧遍了整个日本。

日本经济大崩盘

刺破泡沫，资产崩盘

可能很多人会很疑惑，这么大泡沫的出现，日本政府、日银等怎么可能看不出来呢？

其实早在1987年，日银刚刚降息到2.5%的时候，它们就已经开始觉得有产生泡沫的风险了，日本内部随即开始讨论是否需要加息。

但迟迟没有加息，总结起来大概有以下三个可能的原因。

首先，美国不同意日本的加息政策。1987年，美元的币值刚刚稳定，美国不希望美元继续贬值，便又和英国、法国、联邦德国、日本、加拿大、意大利几个国家签署了《卢浮宫协议》，让大家把利率控制在低位，并维持一段时间，所以日本没能采取加息政策。

其次，美国股市 1987 年出现了黑色星期一，当时大盘闪崩 30%，日本担心一旦在这种市场情绪紧张的时候加息，会进一步引发大家的恐慌，有陷入衰退的风险，所以不敢加息。

最后，据传当时日本大藏省（主管财政、金融、税收）和日银存在严重的矛盾，双方互不妥协，因此日银故意拖着不加息。

无论什么原因，最终，日银直到 1989 年才下定决心刺破泡沫，而且在一年内把利率从 2.5% 抬高到 6%。

如图 1-10 所示，面对流动性的突然收紧，股市反应最为迅速，1989 年 12 月，股市开始下跌。两年之内，股指从 39 000 点跌到 17 000 点。房地产市场反应迟钝一点，撑了一年多，到 1991 年才反应过来，此时房子已经没有人接盘了，以东京为首的楼市暴跌（图 1-13）。日本资产泡沫全线破裂。

很多人看到这里，以为故事就此结束：日本经济泡沫破裂，进而导致严重的经济危机，最终带来了日本失落的 30 年。我们可以再深入思考一下：经济泡沫可谓屡见不鲜，比如美国的互联网泡沫、中国 2007 年的泡沫，为什么日本的泡沫破裂就会带来失落的 30 年呢？

其实，日本 1990 年破裂的只是资产泡沫，而衰退的却是实体经济。资产泡沫破裂会让很多人倾家荡产，短期内经济会有调整期，如果日银及政府将这些问题处理好，经济中的生产结构还是基本不变的，对市场造成的冲击就会小一些。这就好比虽然房子

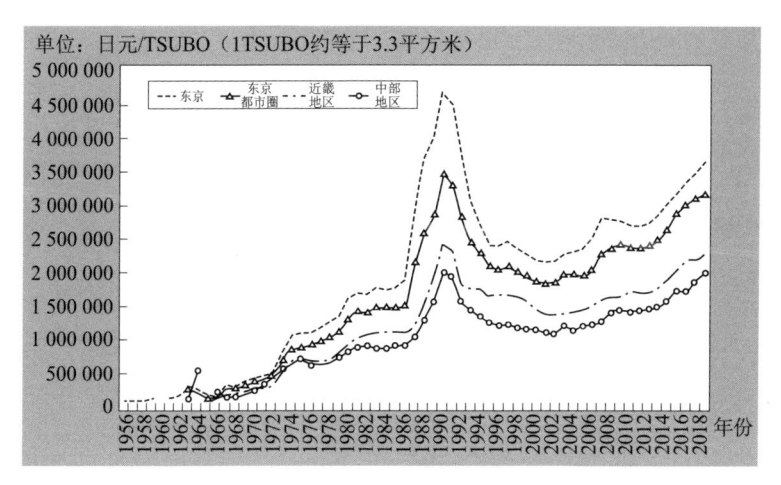

图 1-13 日本各大城市新增公寓平均价格

来源：Tokyo Kantei

不值钱了，手里的股票不值钱了，但你还是可以正常工作，甚至更努力地工作，经济的发展是可以快速恢复过来的。

雪上加霜，经济深层衰退

日本经济当时被泡沫破裂一拳狠狠打倒在地上以后，如果采取恰当的措施，是可以慢慢站起来的，但是如果这个时候再补上一脚，那可谓雪上加霜，导致日本经济二三十年都一蹶不振。那么，这一脚到底是谁补上的呢？

银行

首先，需要将关注点放到由日本财团主导的银行上。

如前文所述，在日本经济泡沫期间，这些银行随意放贷，接受的抵押物大部分是房子。泡沫破裂后，股价、房价暴跌，经济短暂衰退，很多人还不上贷款，同时银行手里的抵押物（房子）价格也暴跌。也就是说，银行产生了大量的坏账，此时已经左支右绌。

银行是经济运行中的关键一环，普通民众一生的积蓄都放在银行里，政府肯定不能让这些商业银行出问题，尤其是在日本，大财团的中心一旦出现问题，牵一发而动全身，整个经济就可能全面衰退。

于是政府发放低息贷款给银行，帮助银行渡过难关。

公司

除了银行，还有什么机构受影响最大？泡沫破裂之后，很多经营不善的公司都负债累累，无法运行下去。而日本大部分员工都是一辈子只服务一家公司，这已经成了一种传统，这种终身雇用文化与财团体系是相辅相成的。在这种文化下，如果出现大量失业人员，经济形势就更不容乐观了，所以，这些公司也需要挽救。

恶性循环

日本政府不能让这么多干了半辈子的员工失业，银行也不能让自己财团里的"好兄弟"被淘汰，所以不管是好公司还是坏公司，赚钱的公司还是不赚钱的公司，政府都要发放救济贷款。从这个角度来看，财团体制是具有两面性的，好处是大家可以抱团取暖，发展的时候大家组成联盟一起冲。但缺点也很明显，船大难掉头，财团中表现不好本来应该被淘汰的企业不会被轻易放弃，当企业遭遇危机、需要大规模洗牌的时候就麻烦了。

所以表面上日本经济在1992—1993年很快就恢复了元气，市场又是一片生机勃勃的景象。大部分人都觉得：日本经济已经回暖，可以继续创造奇迹！

而实际上呢？日本银行的坏账越积越多，大量的公司都靠财团老大的救济贷款苟延残喘。日本接受救济贷款的公司占企业总数的比例从1991年的5%飙升到了1996年的35%。这些实际上已经活不下去，靠着银行的救济活着的公司，被形象地称作"僵尸公司"（Zombie Companies）。银行的利润率也从1995年之后开始惨不忍睹，跌成了负数（图1-14）。

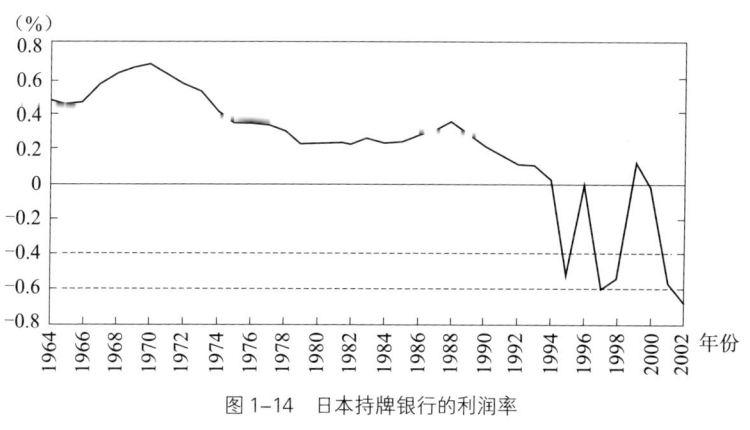

图1-14 日本持牌银行的利润率

注：由 本期利润／（总资产－汇票和担保）计算所得。
来源：日本银行家协会，各银行财务报表

可想而知，经济的活跃源于竞争，市场上全都是僵尸公司，无法分辨哪家是好公司、哪家是坏公司，时间长了是可以从根本上把一个国家的经济拖垮的，连好公司都一起被拖下水了。

这种政府救银行、银行救财团的行为，使得大家一起苟延残喘，让日本大量产业完全丧失了活力。

彻底崩塌

恶性循环愈演愈烈，1997年，银行及公司再难支撑，尼桑保险公司虽然刚刚被日本政府注入了大量救济贷款，但仍在4月宣告破产，成为二战后日本首个破产的保险公司。

1997年11月，多家金融公司也都破产的破产、关门的关门。

1997年11月26日，大量民众聚集在多家银行门口想要取回自己在银行的存款，银行系统面临挤兑风险。

银行挤兑是民众对银行系统丧失信心的标志。财政部对此十分担忧，挤兑势头一起，银行一时半会儿肯定拿不出那么多现金，这将导致极大的经济动荡甚至社会动荡。

财政部立刻下令让排队取钱的民众到银行里面，在银行外面排长队，容易造成更大的恐慌！那些人要取多少钱就取多少钱，现金不够财政部来解决，而且不可以声张！此时日本所有媒体，也全都一致地选择了缄默，没有报道此事。就这样，一场可能对日本经济造成毁灭性打击的银行恐慌性挤兑事件，被这么不声不响地按了下来。

当然，这只是个小插曲，日本经济崩塌的大趋势无法避免，多家金融公司因为坏账过多接连爆雷，日本财政部和日银终于开始强硬救市。至此，日本金融危机全面爆发。

很多银行、公司即使接受贷款救济也无法存活，被迫清算或者与其他公司合并，这种默默融化其实比之前的泡沫破裂来得更可怕、更深层，这回导致的是实体经济的崩塌。

日本股市在泡沫破裂后又延续了长达 10 年的下跌，股指在 2003 年跌到了不足 8 000 点，不到之前最高点的 1/4（图 1-10）。

日本的失业率（图 1-15）也不是在泡沫破裂之后立刻飙升的，而是在快到 2000 年时才达到最高点，而且居高不下。

图 1-15　日本失业率

来源：世界银行

日本的自杀人数（图 1-16）也在 1998 年金融危机后开始明显飙升。

日本六大财团，由于受到 1998 年金融危机和 2008 年全球金融危机的冲击，慢慢开始进行各种合并，政府也意识到了财团系统的危害，开始一点点地削弱银行的权力。这些巨大的财团为了自保开始融合，变成了几家更大的财团，但是它们之间的联结已经远远没有之前那么紧密，对经济的整体影响力也远不如前了。

图 1-16 日本自杀人数

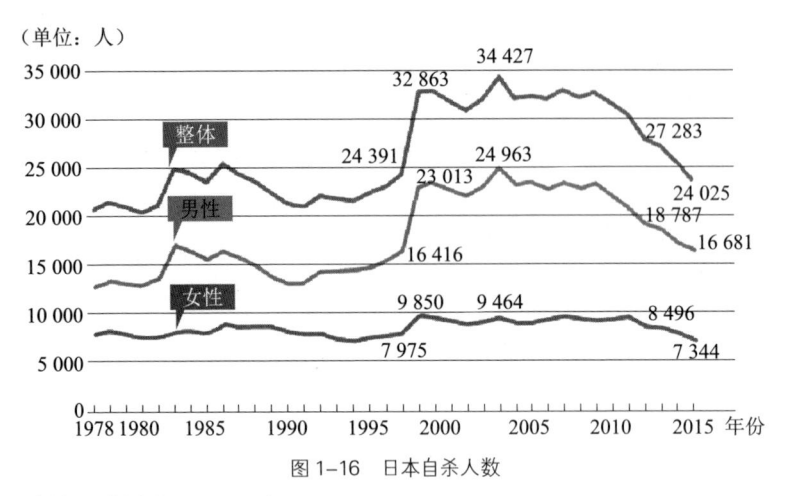

来源：日本网（nippon.com）

结语

  由于内需不足、老龄化等问题，日本陷入了严重的通货紧缩。而日本的 GDP（图 1-17）直到如今还徘徊在 30 年前的水平，这也就是人们经常说的"失落的三十年"。

  下一章，我们继续深入讲一讲这 30 年日本做出的负利率、印钱、政府巨额债务等等极端的尝试，以及其效果究竟如何。

（单位：万亿美元）

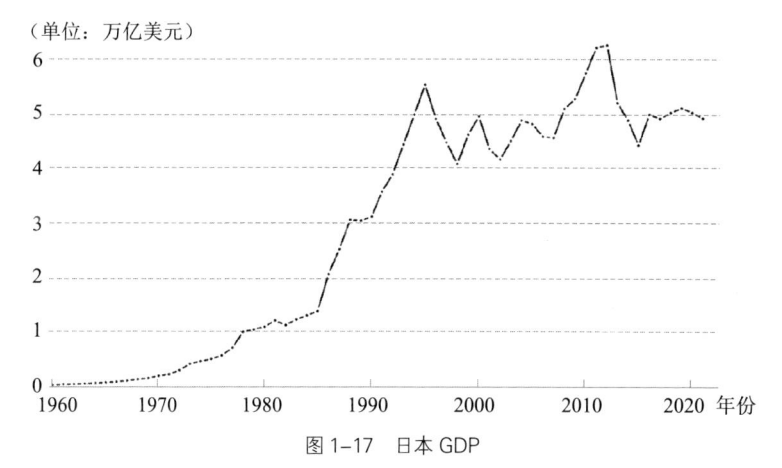

图 1-17　日本 GDP

来源：世界银行

日本之殇·二

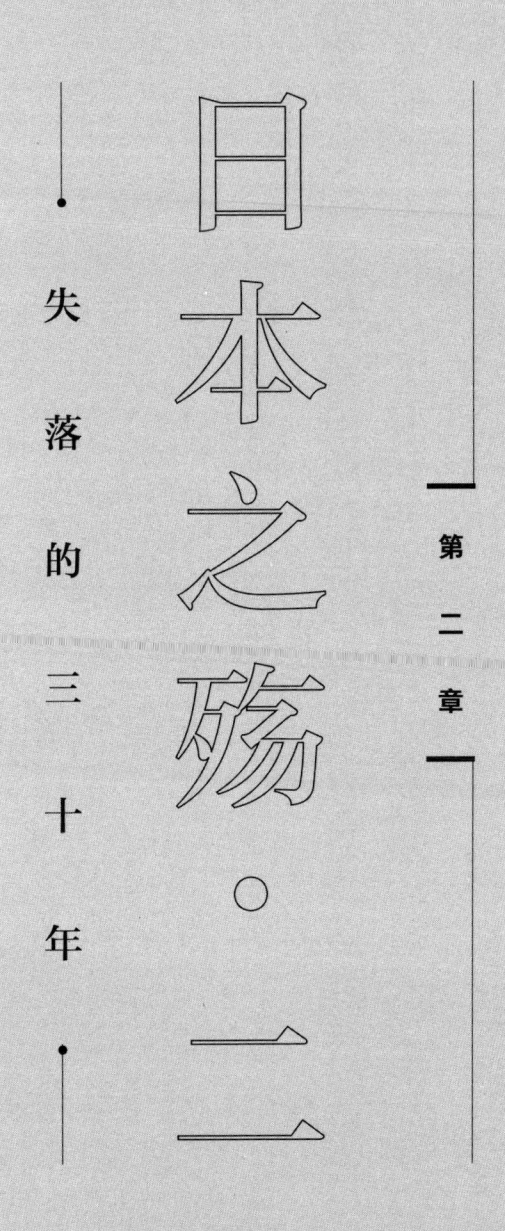

失落的三十年

第二章

导　语

　　日本在经历了长达 30 年的经济奇迹后，以 1985 年《广场协议》为导火索，日元迅速升值，日银在过长时间内维持低利率，过度宽松的货币政策以及银行过度放贷，财团系统互相哄抬股价，吹起了日本股市和楼市严重的资产泡沫。更关键的是，这背后酝酿的是巨大的信用泡沫。

　　经历了短暂的狂欢后，日银用力过猛的加息政策刺破了股市和楼市的泡沫，从此日本陷入了长达 30 年的经济停滞。

　　在这 30 年间，为了刺激经济，日本政府不惜背上全球最高的债务比例，日银更是疯狂印钱，使出浑身解数，采用各种新奇的货币政策，发行的货币都可以买下整个日本了，但就是看不到经济机器重启的迹象。更糟糕的是，印这么多钱，日本经济依然难逃通货紧缩的魔咒！

　　日本这 30 年，可以说是不停地经历被打击，站起来，再遭一记重拳的过程。

　　日银和日本政府是如何一步一步被逼成这样的？它们到底都经历了些什么？

失落的三十年始末

泡沫破裂，危机初现

1991年，日本股票和房地产市场的资产泡沫先后破裂，日本经济迅速陷入衰退，内需萎靡。

一个棘手的问题摆在了日本政府和日银面前。其实，资产泡沫破裂的问题可大可小，如果只是某项资产大幅缩水，民众不会觉得很恐慌，至多觉得自己的资产缩水，只要少消费即可度过危机。

上面所说的这种财富效应，只要政府反应够快、够及时，出手果断、力度够大，是不会使经济伤筋动骨的。此处可参考美国2001年的互联网泡沫，当时纳斯达克指数暴跌了75%（图2-1），实属惨烈，但时任美联储主席格林斯潘立马出手，在一年之内把联邦基金利率从6.5%爆砍到不到2%（图2-2），之后美国经济又满血复活了。

但日银一直犹豫不决，花了两年半的时间才把基准利率从6%降到1.75%（图2-3）。

本来以为降息可以使经济起死回生，没想到这次的危机不是简单降息就可以缓解的。社会面失业率还在持续上升，经济依然停滞不前。到底是什么原因导致以上局面？我们现在来回看，是可以看出些许端倪的。

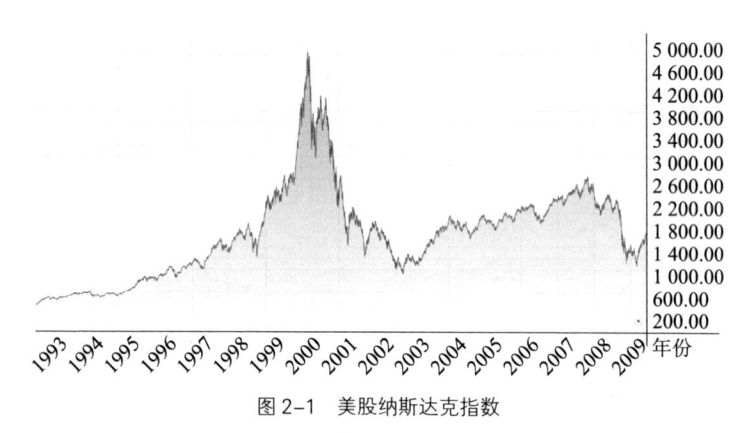

图 2-1　美股纳斯达克指数

来源：纳斯达克

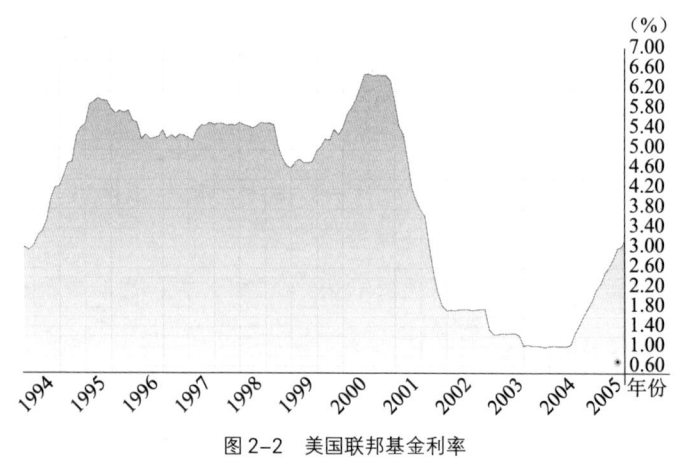

图 2-2　美国联邦基金利率

来源：纽约联邦储备银行

图 2-3　日本基准利率

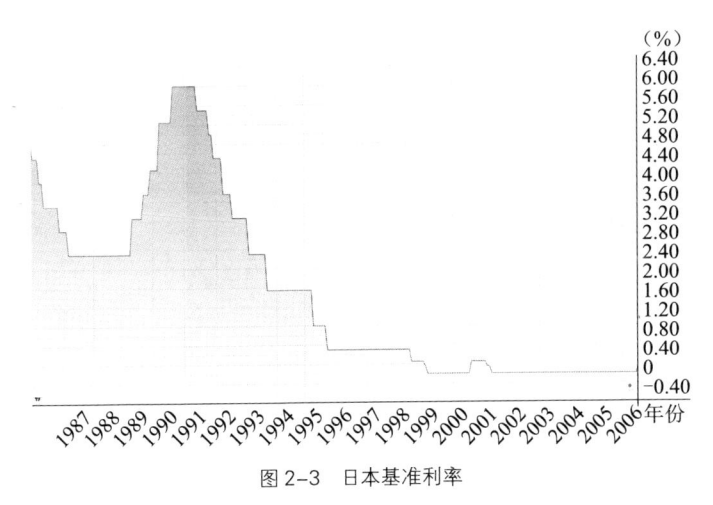

来源：日本银行

日银的反应速度与美联储相比太慢、太迟缓，错过了本来可以挽救经济的最佳时机；但更深层的原因是日本经济泡沫背后的信用危机，信用危机的影响还远未结束，而且当时正赶上美国也在降息。当时美国还在应对第二次石油危机之后的衰退风险，降息力度比日本更大。这就导致了日元在这段时期内大幅升值，从最高点1美元兑将近160日元狂飙到了1美元兑79日元（图2-4），日元兑美元汇率近乎翻倍，日本的商品也卖不掉了，这对出口大国日本来说无疑是雪上加霜。

陷入通货紧缩的泥潭

这一阶段的日本不光经济衰退、出口萎缩，还有一个更可怕的趋势，那就是经济掉入了一个可怕的旋涡——通货紧缩。通货

图 2-4 美元/日元汇率

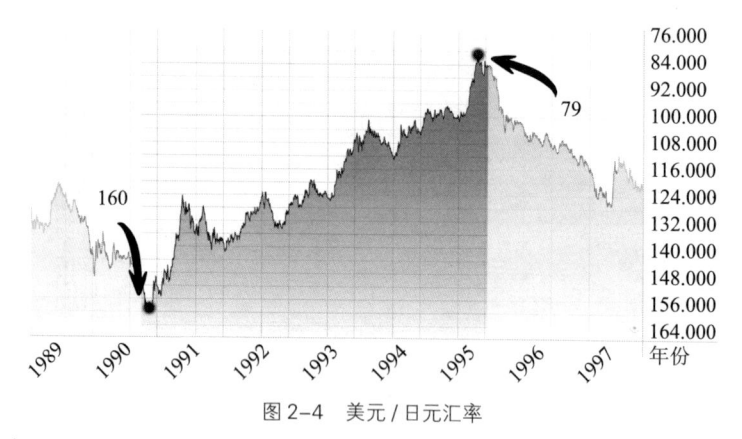

来源：Bloomberg

紧缩，顾名思义就是负通胀，同样的东西一年比一年便宜，同样的钱一年比一年的购买力要强。

作为消费者，通货紧缩表面上看对我们是利好的，但是对一个国家的经济来说，通货紧缩到底意味着什么？它实际上会引发多米诺骨牌效应：商品更便宜，公司赚的钱就会变少，从而使员工的工资更低了，普通民众手里的可支配收入就会变少。说得更直白些，老百姓手里没有钱，就更要勒紧裤腰带过日子，而消费无法恢复，市场上的总需求也会下降，从而使商品降价更多。

一旦经济步入通货紧缩，就仿佛陷入了一个死循环，市场会越来越不活跃，变成一潭死水。所以说，通货紧缩对一个经济体而言是非常可怕的旋涡，和恶性通胀一样，一旦陷进去，不经历非常大的痛苦是很难逃出来的。

起初，大家也没认识到这个循环有那么可怕，以为只是简单地印印钱、花花钱，刺激一下经济就可以了，正是日本让全世界意识到通缩旋涡的可怕。

当下，为什么各国央行一般给自己设定 2%~3% 的通胀目标呢？一方面是为了更好地刺激消费，另一方面还有个更重要的原因：给自己留个缓冲的余地。如果给自己定 1% 的通胀目标，一旦没控制好就会陷入通货紧缩的恶性循环。

而日本当时就有很大的风险陷入这个旋涡。日本是从哪里跌进泥淖的？答案是"总需求下降"。

泡沫破裂之后，日本经济萎靡，民众对未来预期悲观，所以不再敢大手大脚花钱，恨不得一个钢镚儿都要掰开来花。这也导致市场需求下降，当需求下降得足够大的时候，就会产生通货紧缩。

事实上，日本在之后的 30 年都一直努力地在这个旋涡的边缘挣扎。欧洲的情况也差不多，直到能源危机才有所缓解。

那么问题来了：通货紧缩不就是价格下跌吗？央行为什么不降息、不印钱？还在等什么？

日本的应对之策一：财政、货币双宽松

起初，日银也是采用上述的应对策略。

货币政策

1995 年，日银史无前例地把基准利率调到了 0.5%！现在看来，大家可能觉得 0.5% 的基准利率很正常，但在当时，纵观全球经济体，这个利率低到闻所未闻。

财政政策

日本政府觉得光货币政策调整还不够,财政政策也得跟上,需要双管齐下刺激经济。这样的财政政策导致了大规模赤字,政府开始大量花钱、搞项目、刺激经济,力图拉动需求。

日本财政部的收入和支出(图 2-5),从 1993 年之后就开始完全不匹配了。

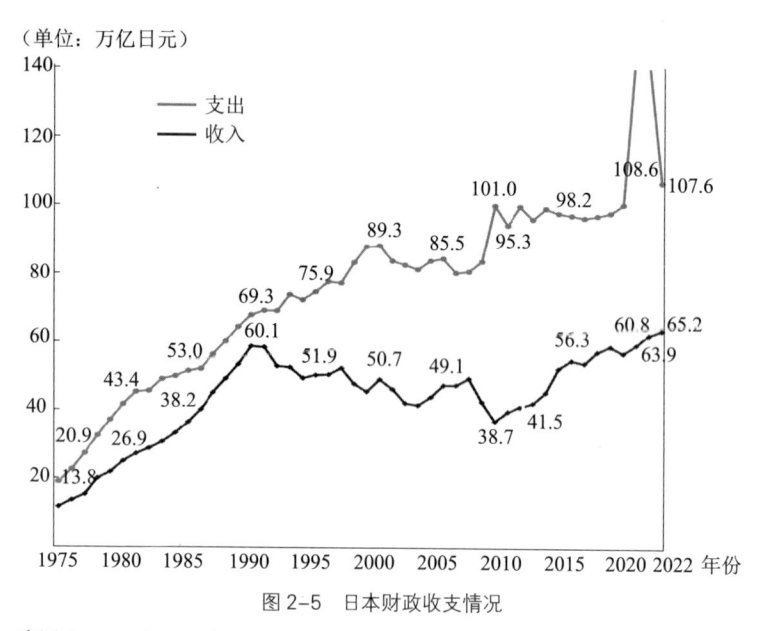

图 2-5 日本财政收支情况

来源:Japan Cabinet Office

一般来说,一个国家对本国经济的宏观目标包括:GDP 稳步增长、控制失业率和保持物价水平稳定。这些目标通常会通过货币政策和财政政策两个方面来调控。财政政策由财政部制定,而货币政策则由央行负责。

财政政策主要围绕政府财政收入和支出两大方面（图2-6）。政府收入主要来源于税收，政府可以通过调整税率来调节收入。支出方面，政府需要决定把收入花在哪里、花多少，比如出资修路、盖学校、建医院，或者补贴农业、新能源行业等。政府的"钱包"里盈余或者负债太多都会出现问题。

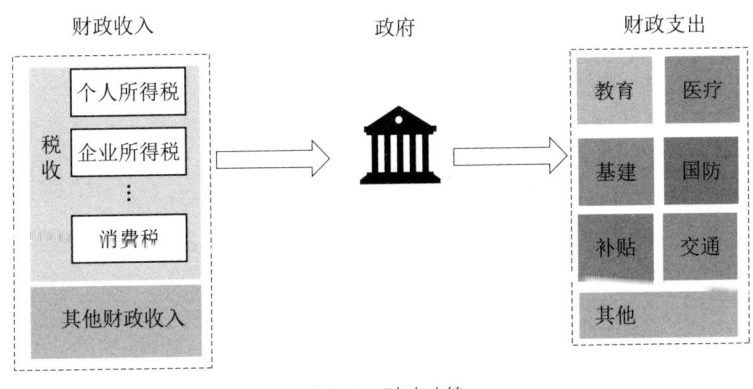

图2-6 财政政策

货币政策可以通过调节利率、存款准备金率、发行货币三种手段来管理货币，主要目标是控制通胀。央行制定货币政策时应完全独立自主，不应受政府指令的影响或者迫于压力而做出决策。否则试想，政府一边大手大脚地花钱一边要求央行印钞票，物价可就要一飞冲天了。

既然都是为了实现宏观经济目标，那货币政策和财政政策应该是相辅相成的。当物价水平过高、经济过热时，央行和财政部一般会采取"双紧"政策：财政部扎紧裤腰带减少支出、增加收入，让人们手头上的钱减少；央行提高利率，鼓励企业和个人减少贷款、多存款，双管齐下抑制通货膨胀。当经济衰退、失业率上升时，央行和财政部又会打起"双松"的配合：财政部扩大支出、减少税收来增加人们的收入，刺激就业；央行通过降息等提高贷款意愿，鼓励消费和投资活动。

但是经济情况是复杂且多变的，如果国家出现高通胀、低增长的情况，我们可能会看到"紧货币，松财政"的政策：财政部扩大支出、减税，助力经济走出萧条；央行减少货币供应，通过加息抑制财政政策带来的通胀压力。表面上政策"打架"了，其实是为了实现不同的宏观经济目标。

日本 1995—1996 年采取的措施就是财政、货币双宽松政策，其目的也是开足马力刺激经济。

雪上加霜：信用危机

这种力度的调控效果立竿见影，日本也终于赶上了美国的加息周期，使日元兑美元汇率迅速回落到 1 美元兑 100 日元以上。其实，在现在看来，日本的这波操作反倒成了之后卷入亚洲金融危机的一个主要原因，日本也因此引火烧身。但至少在当时，日本国内的通胀水平、经济发展都有所改善。

一切都仿佛在朝着好的方向发展。

但是不出意外，意外就要发生了……

正如前文分析的：日本的泡沫可不是简单的资产泡沫，而是深层的信用泡沫，是信用过度扩张导致的。泡沫破裂之后，银行内部堆积了大量坏账，最初靠着政府的刺激政策苟延残喘，靠着财团中的"兄弟姐妹"互相帮扶硬撑了几年。

但纸是包不住火的。1997年，随着多家银行破产，日本陷入了严重的经济危机，所有银行的坏账全部显现出来，银行系统几乎停摆，信贷全面收紧。

银行在经济下行时肯定不敢随便向外借贷了，各家银行身上都是一堆坏账，谁也说不好哪天就倒闭了，所以只会把钱借给信用最好、风险最低的人群，剩下的钱宁可放着也不敢再随便外借了。

当时日本市场总贷款量，从1998年开始一泻千里（图2-7）。银行放贷其实是货币产生的原因之一：银行一旦收紧放贷，经济系统中的货币量就会急速收缩，物价开始下跌；同时大量企业因为拿不到贷款而被迫裁员甚至破产，总需求降至冰点（图2-8）。

图2-7 日本民间贷款额

来源：日本银行

图 2-8

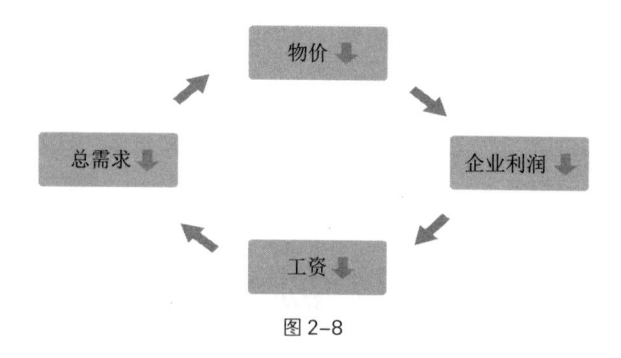

这些不利因素把日本一脚踹进了通货紧缩的旋涡。从 1998 年开始，日本连续四年通货紧缩（图 2-9），失业率飙升到历史高位，陷入了更大的危机之中。

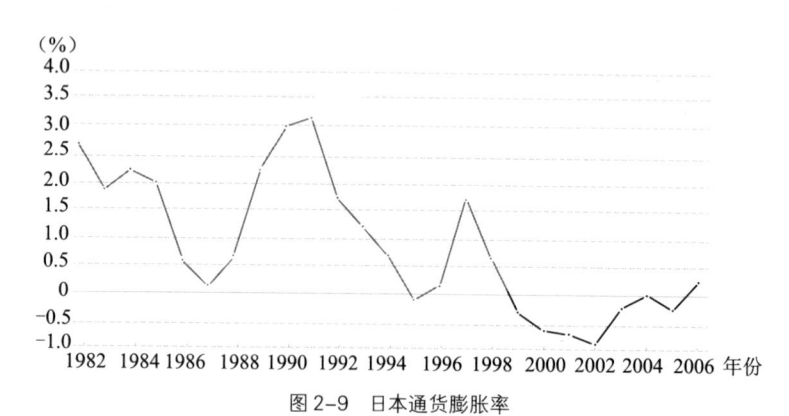

图 2-9　日本通货膨胀率

来源：世界银行

日本的应对之策二：增发国债

此时，日银已经黔驴技穷，基准利率降到了 0.5%，用于刺激经济的方法都失灵了。日本政府的财政状况也是捉襟见肘，好不到哪里去。日本政府先是刺激经济，后来为了挽救银行系统又不得不自掏腰包，那所需要的钱从哪儿来？经济萎靡，税收又跟不上，只能不停地发行国债。

日本 2000 年发行的国债总额达到了 GDP 的 130%，这是非常恐怖的水平！欧盟当初提出的入盟标准要求这一指标在 60% 以下，因为欧盟认为一国的此项指标只有在 60% 以下，其经济才是安全稳定的。而当时日本的这一指标竟然超了 1 倍有余，这还只是债务堆积的开始。

当时无论货币政策还是财政政策，对于刺激经济已经毫无作用，利率已经没有什么下降空间了，政府又债台高筑，到底还有没有可以拯救日本经济的有效措施了呢？这就逼得日本政府和日银不得不升级相关政策。

财政政策

虽然日本政府已经负债累累了，可是谁说人家不能接着降息、接着借钱呢！于是债务规模继续扩大，日本国债占 GDP 的比重直逼 150% 的大关（图 2-10）！

虽然这样做无异于饮鸩止渴，但是债务的性质决定了政府可以借新还旧，一时半会儿崩不了，先着眼于当下的危机，用钱再多刺激一下经济，说不定过了这个坎儿，经济就会有所好转。

货币政策

货币政策同样如此。基准利率不是已经降到 0.5% 了吗，谁说不能再降了？！不是还有 0.5% 的下降空间吗？那就干脆下降到零。

图 2-10 日本国债 /GDP

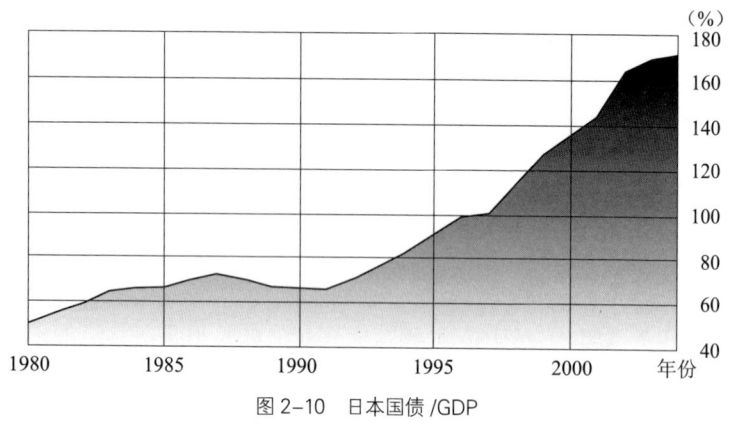

来源：日本财政部

1999 年 4 月，日银开始实施零利率政策，就是银行可以在隔夜拆借市场以零利率借到钱，想怎么借就怎么借，借不到还有日银来兜底。

在此之前，在世界范围内还没有哪个国家像日本这样大规模实行过零利率政策，毕竟零利率听起来十分特殊，没有哪个机构能保证在零利率政策下经济可以毫无问题地运行。所以日银在出台这个政策之后，也有些心虚，担心零利率政策是不是过于激进，万一出现漏洞该如何应对？当时日银决定这项政策只实行一年，一年后再将基准利率调回 0.5%。

结果一年之后，日银发现这一政策好像并无问题，而且将基准利率调回 0.5% 经济并不见好转，市场信贷系统更完全运转不起来。于是，日银没过两个月又把基准利率调回了零。

但是，这些政策还是不够，日本依然处在通货紧缩的旋涡当中，到底怎样才能提振经济？

日本的应对之策三：量化宽松

日银的官员们绞尽脑汁，突然灵光乍现，想出了一个我们现在耳熟能详的操作：量化宽松（quantitative easing，QE）。其实，量化宽松政策是日本人发明的。大家可千万别觉得量化宽松政策很正常，它其实是一种非常规货币政策（unconventional monetary policy）。

央行一般只能调控一下短期的市场流动性，量化宽松政策意味着什么？意味着日银需要直接去金融市场购买长期金融产品，主要是国债和公司债。

这一政策在理论上是很不可思议的，而且也是非常不合理的：一个手握印钱大权的机构，居然可以自己印钱，自己去随便买东西，这个权力是不是太大了一些？而且一般经济学家都会觉得这一政策会带来通胀，但通胀正是日银需要的结果。

于是2001年3月，日银开动了印钞机，正式启动量化宽松政策，大量买入日本的公司债以及国债，试图激活日本的借贷需求，盘活市场。

日银在这种迫不得已的情况下干了其他央行不敢干的事情，率先当了一次小白鼠，各国央行都瞪大了眼睛盯着日本这轮量化宽松政策效果如何。那这轮政策效果有没有达到预期呢？

其实所达到的效果微乎其微。日本的通缩确实开始略微好转，通货膨胀率在零上下徘徊（图2-9）。想要刺激的借贷市场确实止住了之前暴跌的趋势，但也是极其缓慢地回升（图 2-7）。至于为什么效果不好，我们后面讨论。

祸不单行：次贷危机与福岛核泄漏

无论如何，21 世纪初的几年，全球经济大繁荣，几乎所有经济体在此阶段都蓬勃发展。日本在这种大环境下，再加上上面提到的各种应对策略对经济也确实起到了刺激作用，此时总算站稳了脚跟，失业率开始逐渐下降，出口稳步上升，经济开始慢慢恢复。

日本也在 2006 年停止实行量化宽松政策，2007 年基准利率回到 0.5%，打算逐渐摆脱这种过度激进的货币政策。一切仿佛都在朝着好的方向发展……但是，不出意外，意外还是发生了。

倒霉的日本经济在接下来的几年中接连遭受重创：2008 年次贷危机爆发，波及全球，日本的金融市场实际上只受到了余震，影响并不大，但萎靡的全球经济和价值飙升的日元使得日本的出口受到了极大的影响，经济再次陷入短期衰退；2011 年福岛核电站事故，日本政府光经济一项支出就高达 2 350 亿美元；日本的出口市场开始越来越多地受到崛起的中国和韩国的挤压。

在遭遇一记接着一记重拳之后，日本经济又变得岌岌可危。2009 年，日本通货膨胀率一下跌到了 –1.1%，失业率飙升到新的高点（图 2-11），GDP 下降（图 2-12），日元汇率飙升到历史最高点，出口暴跌，对外贸易逆差急剧增加。

人们又嗅到了熟悉的味道，只不过这次的影响貌似比之前来得更猛烈。

图 2-11　日本失业率

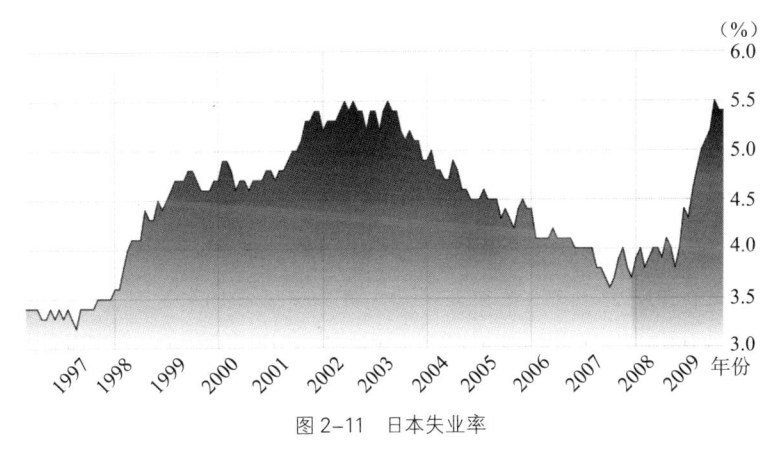

来源：日本总务省

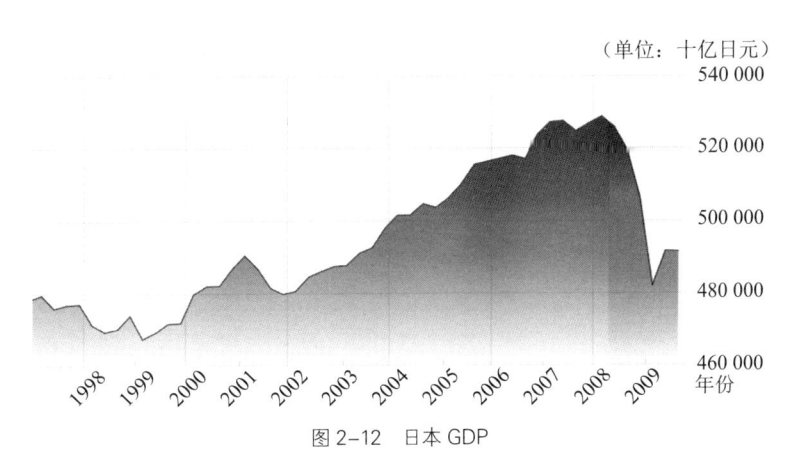

图 2-12　日本 GDP

来源：世界银行

日本的应对之策四：组合拳

日本政府又将此前的那一套组合拳全都打了出来。政府扩大财政刺激，国债占 GDP 比重超过了令人惊叹的 200%；日银之前刚刚加息到0.5%，又赶紧调到了零左右，还放出了当初自己创造的"野兽"——量化宽松政策。

只不过时任日本央行行长白川方明比较束手束脚，虽然口号喊得响亮，但实际这一轮的量化宽松政策体量和之前一轮的差不多。面对这次全球性的经济危机，欧洲央行和美联储都是将几万亿美元输送到经济体里，日银的资金规模实际上起不到很大的作用。

日本的应对之策五：安倍经济学

日本政府使出撒手锏之后，经济并没有如预期那样好转。非常之时需要非常之策和非常之人，看来，是时候再次升级相应的策略了！

2012年12月，安倍晋三再度当选日本首相；2013年3月，黑田东彦接任日本央行行长。两个人联手打配合，完全放飞了自我，又一次做了世界央行的"小白鼠"，进行了人类近代历史上规模最大的刺激政策，开启了日本延续至今的——"撒钱"纪元。

这里出现了大家耳熟能详的名字：安倍晋三。

安倍晋三其实早在2006年就接任了当时的首相小泉纯一郎，可是仅仅上任一年就卸任了。接下来的时间里，日本首相这个职位就成了烫手的山芋，人选像走马灯一样换得很勤，五年换了五任。直到2012年，安倍再次当选日本首相，这次他一任就是8年，成为日本在二战之后最年轻且任期最长的首相。

他在任职的这8年时间里，和央行行长黑田东彦一起实施的一系列经济政策，被称为"安倍经济学"。

虽说名为"经济学"，但也不是什么正儿八经的学术理论，安倍晋三毕竟是个政客，这个词就是把他所实行的一系列政策包装起来。

三支"箭"和负利率

不知道大家有没有听过这个寓言故事：从前有个国王，他有三个儿子，这三个儿子相互之间存在矛盾。于是国王就把哥仨叫过来，给了他们每人一支箭让他们折断，他们很容易就折断了。国王又让他们折断三支绑在一起的箭，这次三人都没有成功。这则寓言的意思就是说人们要团结，团结才能更强大。

安倍晋三认为，日本之前的政策就像这一支一支箭，在出台时总是单独使用，无法达到预期效果，所以挽救不了日本的经济。这次他要一口气捆绑"三支箭"，让"三支箭"一起发挥作用，一定能战胜困扰日本多年的通货紧缩！

于是，有了"安倍经济学"中著名的三支"箭"：

- 激进的货币政策（aggressive monetary policy）
- 灵活的财政刺激政策（flexible fiscal policy）
- 为了增长的结构重组（growth strategy）

第三支"箭"：为了增长的结构重组。光看名字大家可能完全不知道是什么意思，其实就是安倍晋三把一系列杂七杂八的政策都放在了这支"箭"里，比如增加女性工作比例、加强儿童保障、放松监管、贸易自由、放宽外来移民政策等，差不多是各种政策的大杂烩。虽然看着繁复，也不能说这些政策完全没有用处，但想要取得立竿见影的效果是不太可能的，而且这支"箭"中的很多政策在提出之后很快就因为各种政治压力名存实亡了。

第二支"箭"：灵活的财政刺激政策。这支"箭"的方向十分明确，就是财政部加大力度花钱刺激经济。安倍直接让它单独成为一支"箭"。这次的政策更激进：大规模减免公司税，大规模增加开支等。但实际上，它也同时大幅提高了消费税，消费税税率先是从5%提高到8%，之后又从8%提高到10%。这样一来政府的净财政预算其实并没有严重恶化，毕竟政府的负债率实在太高了。所以这个政策基本上就是政府一边收钱，一边花钱。

但问题是，提高消费税对日本的消费影响非常大，日本的消费者开销（图2-13）在每次加税后都会出现大跳水，一直没能回

（单位：十亿日元）

图2-13 日本消费者开销

来源：日本内阁府

到 2014 年加税之前的水平，很多经济学家都诟病说消费税增加带来的副作用很可能大于花钱刺激的正面效果。所以，第二支"箭"的效果也不太明显。

第一支"箭"：激进的货币政策。这才是最关键的措施。"安倍经济学"虽然提出了三支"箭"，但真正起作用的还是第一支"箭"，靠日银，也就是黑田东彦负责的部分。之前日银为了能使经济实现通胀，先是实施零利率，后又发明了量化宽松政策，这回有过之而无不及，使出了两大法宝。

首先就是负利率。零利率看来已经不足以刺激经济了，可是基准利率已经降到了零，难道还要降到负值吗？黑田东彦就认为：利率为什么不能是负的呢？

如果实行负利率，打个十分通俗的比方就是：今年我们在银行存了 100 日元，明年就只能拿到 99 日元。那谁也不会在银行里存钱了，会将现金全都取出放在家里，至少明年 100 日元依然是 100 日元。如果是这样的逻辑，负利率政策其实就失效了。

至少按照现在的经济理论来看，面对普通消费者的存贷利率确实不能是负的。但是对商业银行就不一样了，它账上有多少钱都是明明白白有记录的，它可没办法把钱偷偷取出来藏枕头底下。所以即使是负利率，商业银行还是要存的。

其实日本为了实行负利率，还专门搞出了一大套十分复杂的机制来限制银行系统。比如把商业银行手上的钱分成三份，分别给不同的利率：一份利率为 0.1%，一份利率为 0，一份利率为 -0.1%。每一份都有相应的算法和记账规则，非常复杂。由此可见，日银的聪明"大脑"们为了刺激经济已经拼了。

从 2016 年开始，日本正式实施 -0.1% 的基准利率（图 2-14）。而负利率使银行的钱成了烫手的山芋，手上留得越多亏得越多，所以商业银行都铆足劲往外借钱或者投资，而这正是日银想要的结果！

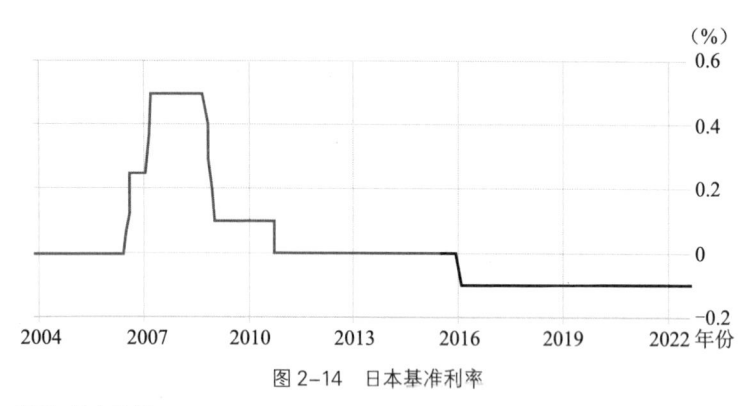

图 2-14　日本基准利率

来源：日本银行

有质量的量化宽松政策

黑田东彦的激进政策还远远不止于此，除了以上讲的，怎么少得了量化宽松政策呢？之前两次实施这一政策都效果欠佳，黑田东彦想来想去，再看看对面的美国和欧洲，得出的结论是：日本之前实施这项政策的资金规模太小了，实行得有些含蓄！量化宽松政策肯定还要实行，不但要实行，还要加大规模与力度！

这回日银发明了个新概念——有质量的量化宽松政策（qualitative and quantitative easing，QQE）。

原来的量化宽松政策只是日银买些国债、公司债券就可以了，这回政策升级了！这次实施量化宽松政策要有目标，有自己的 KPI（关键绩效指标），买国债要控制利率曲线，要把 10 年期国债利率控制在 0.25% 以下（图 2-15）。

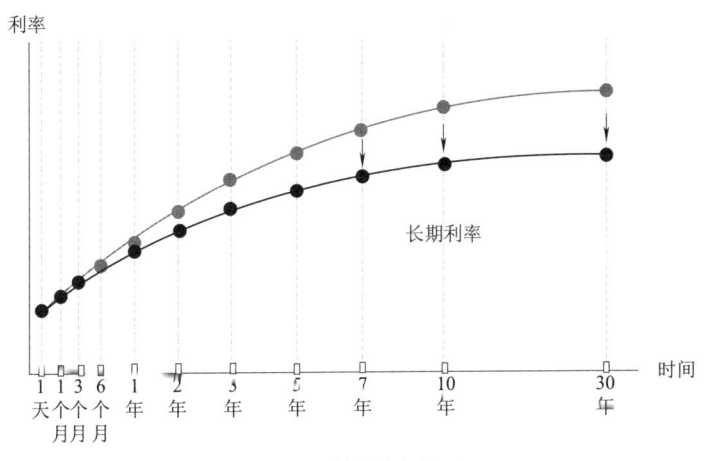

图 2-15　利率曲线控制目标

一般央行只能控制很短期的利率，而日银要控制整条利率曲线，通过日银开动印钞机来买国债。这也就是我们常说的"印钱"。压低长期利率就是为了刺激公司和个人进行长期借贷，还有就是通过强有力的信号告诉大众日银这次是动真格的，以此提高市场的通胀预期，最终让日本的通胀率达到 2%。

日银开足马力开始印钞，此时其资产负债表，即账上的资产，与前两次实行量化宽松政策时的资产相比，有了大幅提高（图 2-16）。

图 2-16 日银的资产负债表

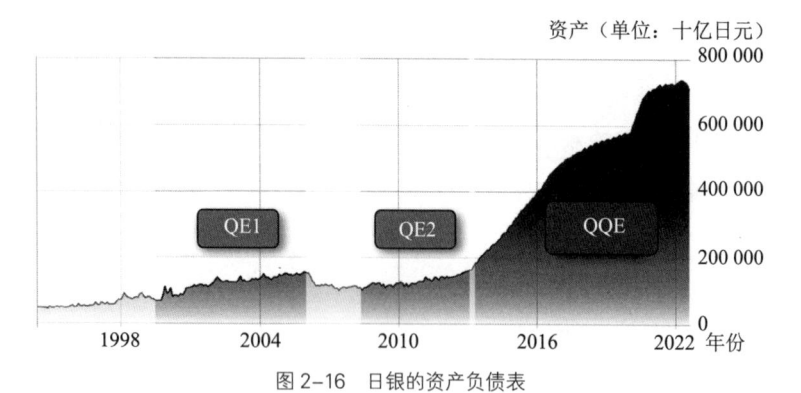

来源：日本银行

日银先是疯狂买入国债，新发行的国债70%都被日银购买了。但还是不够，日银又不能真的把国债全买了，于是公司债、垃圾债、REITs（不动产投资信托基金），甚至连股票都买，这也导致日银持有日本市面上一半的国债，并且是整个市场上最大的单一股东，持有将近10%的股票，现在日银持有的资产是日本2021年GDP的1.3倍！

在日银负利率加上有质量的量化宽松政策的助力下，日本股市开始一路高歌猛进（图2-17）；债市也涨到了前所未有的水平，10年期国债利率一直在0左右徘徊，甚至一度达到-0.25%（图2-18）。这就是说，那时候日本政府借的10年期债务都是负利率，这种情况如果放到30年前，经济学家们估计想都不敢想。最后，楼市也终于开始缓慢上涨。

图 2-17 日经 225 指数

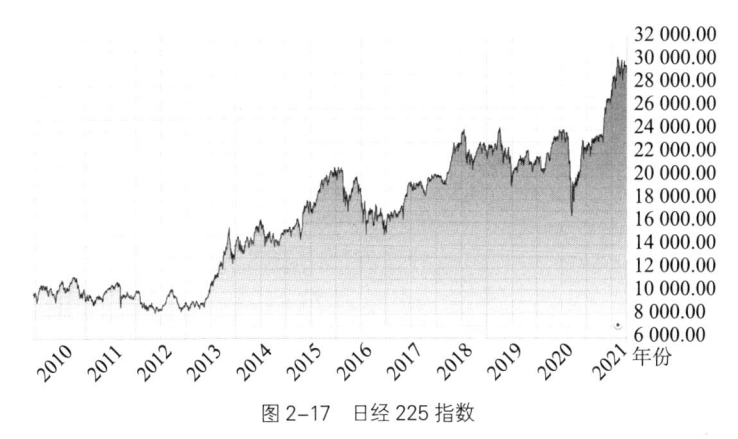

来源：日本股票交易所

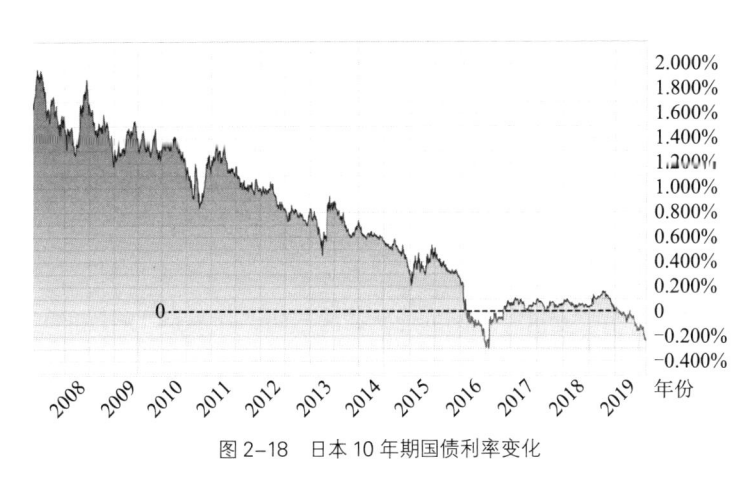

图 2-18 日本 10 年期国债利率变化

来源：Bloomberg

"安倍经济学"的结果：理想丰满，现实骨感

如此激进的货币政策，如此激进的"安倍经济学"，日本的经济总该被拉回正轨了吧？结果如何呢？

先看看经济增长。在日本用日元计价的 GDP 走势图中，标出安倍晋三任期内的 GDP，除去疫情这段时间，确实也在增长，但日银印了那么多钱所达到的效果仅仅如此（图 2-19）？这增长速度还不如 2008 年之前呢！

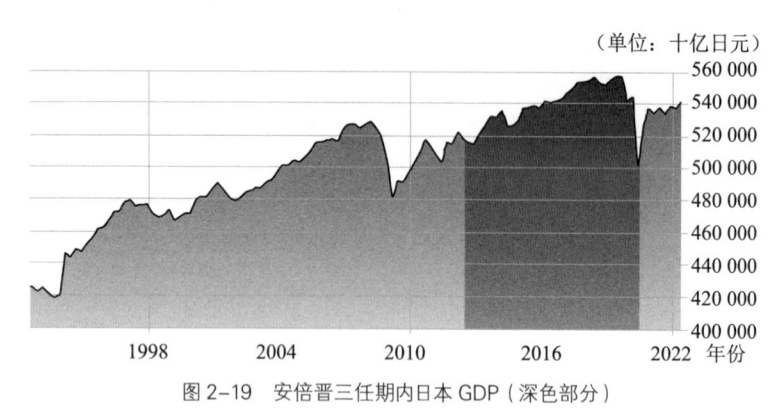

图 2-19　安倍晋三任期内日本 GDP（深色部分）
来源：世界银行

印了那么多钞票，万众期盼的通货膨胀总该来了吧？观察图 2-20 所示日本这一时间的通货膨胀趋势，是不是和 GDP 的走势感觉有点像？通货膨胀率确实是正的了，并且终于摆脱了通货紧缩，但日银印了那么多钱，还是没有达到预期的效果。

"安倍经济学"最显著的效果，就是资产价格的狂欢：股市、债市都一路高歌猛涨。是不是有点讽刺？所以说所谓的"安倍经济学"，效果肯定是有的，但是从我们以上分析的数据来看，也不能算是成功，毕竟日银付出的代价实在太大了。对比美国，美联储也是疯狂实施量化宽松政策，股市也是一路暴涨，可美国经

济这么多年至少在持续增长。

图 2-20　安倍晋三任期内日本通货膨胀率（深色部分）
来源：日本总务省

经济刺激政策为何未达预期

日本从 1991 年经济泡沫破裂开始，为了自救，财政部持续不断地扩大负债规模、花钱刺激经济；日银更是不断推出零利率、量化宽松政策、负利率、有质量的量化宽松政策，力度一次比一次大，就是为了实现通货膨胀和经济增长，但为什么负利率加上疯狂印钱，依然换不来通货膨胀呢？

人口老龄化导致的内需不足

熟悉日本经济的读者可能已经在心里犯嘀咕了：人口这么重要的问题怎么能不提呢？！日本的政策，尤其是 2010 年之后实行的政策，为什么收效甚微？非常主要的原因就是人口老龄化问题。人口其实是经济发展的原始推动力。2020年日本的人口结构如图2-21所示，底下是新生儿的数量，上面是老人的数量。中间靠上的位置有一个人口爆发期是因为二战和之后的婴儿潮，在长达30年的时间生育率都很高。这些人就是现在40~70岁的这批人。问题在于2010年之后，这波婴儿潮时期出生的人开始退休，而后面补上来的人口越来越少，老人在社会中的占比越来越高，劳动力人口比例持续下降。恰巧日本又是全球最长寿的国家之一，人均预期寿命为85岁。

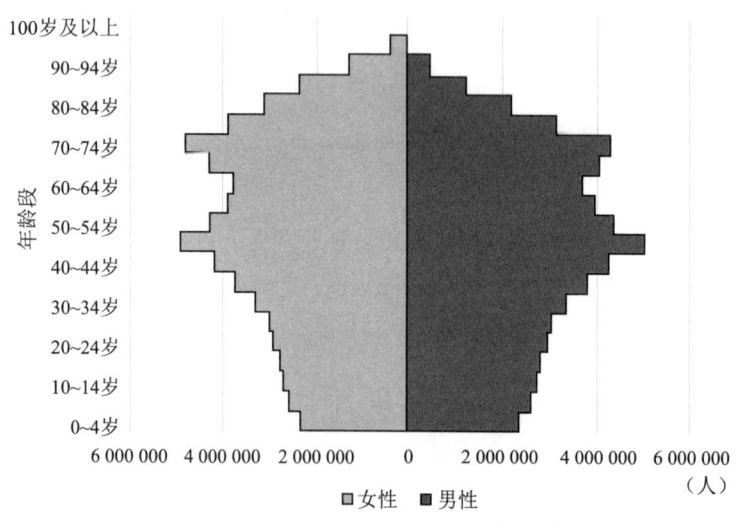

图2-21 2020年日本人口结构

来源：日本总务省

当然，寿命长对个体而言肯定是好事儿，但是单从经济的角度来说这意味着什么？老年人是一个社会需求最不旺盛的群体，他们有钱不会乱消费，基本在拿到钱之后大部分用来储蓄；同时工作的人群要把越来越多的钱投入照顾老人上；政府也要花越来越多的社保成本来保障老年人的福利。这些会对整体经济的总需求产生极大的抑制作用。

正如我们前面提到的通货紧缩的旋涡，人口老龄化带来的需求下降就是一股持续不断的巨大的潮汐力，把日本经济往这个旋涡里拽。而一旦进入这个旋涡，因为经济萎靡，不光需求不足，也没什么投资机会。

企业无论是扩大生产、营销，还是进行收购，都没什么机会，还不如把钱分了呢！于是，日本企业最爱干的事情就是分红，要么就去买股票、买地、买房、买国债或者到海外投资，所以日本才有了巨量的海外资产。

个人也是一样，需求不足的时候，再多的钱塞到消费者手上，他们转头要么存银行，要么去买房、买股票，钱从日银出来溜达了一圈就流到了资本市场，而不是像政府希望的进行消费，在经济体中流转。不花钱就没人赚钱，还是打不破这个循环。这就是为什么日银怎么印钱始终都无法带来通胀，而只能看到资产价格一路飙升。

其实不光日本，希腊、韩国都面临类似的问题。尤其是韩国，其人口结构简直就是"完美"的大肚子形态（图 2-22），几乎所有人口都集中在了中间的工作年龄，底下的新生儿数量少得可怜，这也解释了为什么现在韩国政府为了生育率问题都快急疯了。

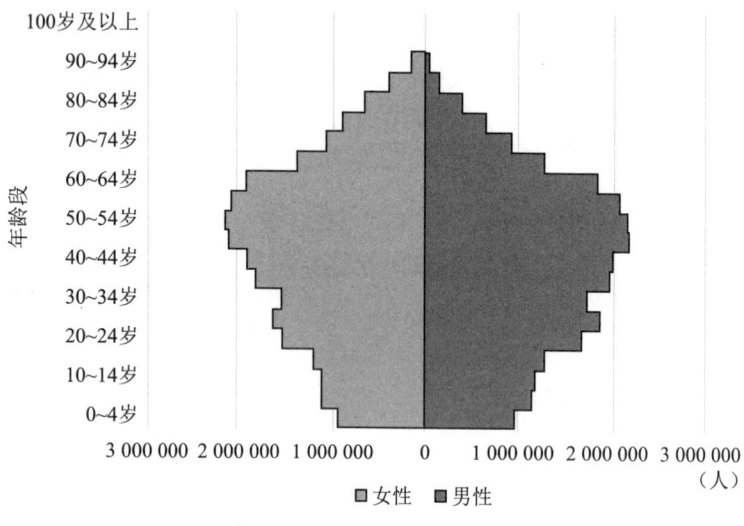

图 2-22　2020 年韩国人口结构

来源：联合国

价格预期的锚定

导致日本刺激政策失灵的除了人口，还有一个原因就是价格预期的锚定。普通消费者基本上已经形成了一个强烈的共识：价格是不变的。一件商品要是先涨价，大家就不会买账，进而抵制这种商品，商家甚至会因涨价而向消费者道歉。

所以当成本上升时，商家第一时间想到的不是产品涨价，而是削减成本，勒紧裤腰带，甚至会降低员工工资。也就是说，价格预期一旦固定，重新运转起来的可能性很低，难度也很大，想要重新运转，就需要足够大的力量让几乎所有商品同时涨价。

日银那么激进的货币政策，除了确实注入了流动性、控制了长期利率，还有一个很重要的目的就是向消费者传递一个重要的信号：我这儿使劲印着钱呢，大家可以一起涨价啦！可是效果并不理想，可见这种改变有多困难。

而且日本的文化是一个人几乎会一直在一家公司工作，极少跳槽。这也是日本的失业率比其他国家低得多的原因，这样虽说保证了工作的稳定性，但同时雇主公司也没有了员工跳槽的压力。老板一想：反正员工们也不会跳槽，我就不用给他们涨工资了。这就是为什么日本的工资水平在20世纪90年代之后几乎没有改变过（图2-23）。（图中的尖形凸起是因为这些是每个季度的数据，包含了周期性奖金。）

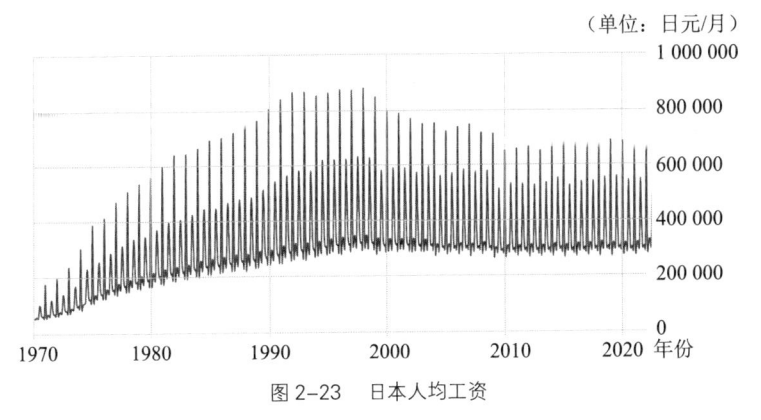

图2-23 日本人均工资

来源：日本厚生劳动省

也就是说，所有产品的价格和员工的工资都没有什么变化，而涨工资是出现通货膨胀非常重要的一环，不涨工资整个经济体就被钉死了，就算无限制地往里面扔钱，钱也会因为消费需求、投资需求不足而很快流到资本市场。

所以说，人口老龄化和锚定的价格预期是日本难以出现通货膨胀的主要原因。当然，还有一些其他的理论解释，比如日本金融系统问题、经济结构问题等，但这些原因并不全面，因此不再赘述。

日本的现状：迎来通胀

虽说"安倍经济学"的效果不太理想，但是日本的政策制定者好像也没想出其他更好的办法，这也是安倍晋三能一直保住首相的位子，甚至退下来之后日本依旧保持着他所实行的这套政策的一部分原因。

2020年全球新冠疫情暴发，又一记重拳打在了日本的脸上，当然也打在了全球所有国家的脸上，各国都忙于自己的刺激政策进行自救。2020年第二季度，日本的GDP（图2-24）、总需求（图2-25）和出口（图2-26）全部暴跌。

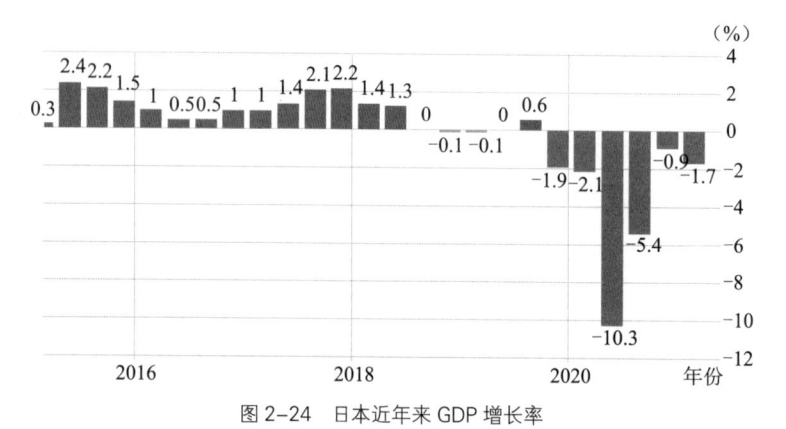

图2-24 日本近年来GDP增长率

来源：世界银行

(单位：十亿日元)

图 2-25 日本的总需求

来源：日本内阁府

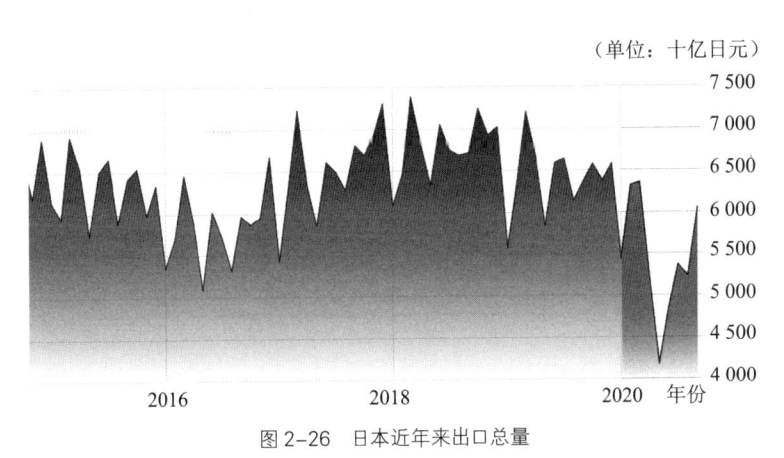

(单位：十亿日元)

图 2-26 日本近年来出口总量

来源：日本财政部

日本政府估计也十分无奈，怎么又来一拳，而且感觉一拳比一拳猛……没办法，日银和财政部又要实施新一轮的刺激政策。

财政部出台了号称日本历史上最大的刺激政策，拿出了差不多1万亿美元。注意，这1万亿美元可不是日银印钱就可以的，而是财政部借来的。这让日本国债占GDP的比重飙到了260%（图2-27）！这些债务日本政府就算不吃、不喝、不花钱、只收税，也要20年才能还清。

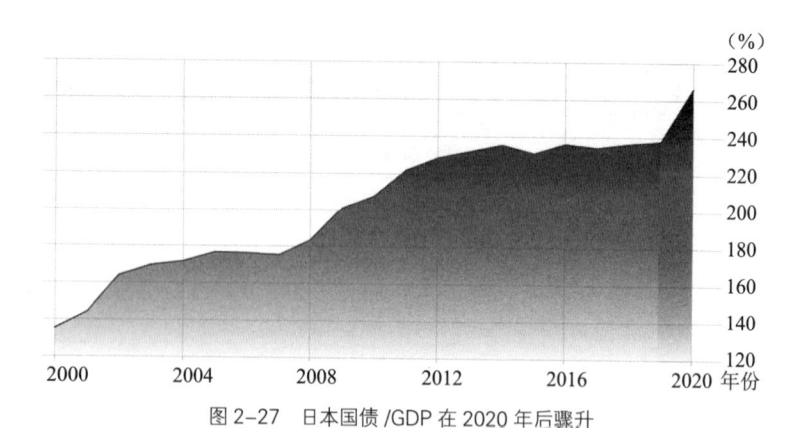

图2-27 日本国债/GDP在2020年后骤升

来源：日本财政部

而日银原本印的钱就已经快买下半个日本了，只能继续开动印钞机，资产负债表又继续扩大（图2-28）。

此次日本反应得够及时，力度也够猛，经济迅速回升，失业率也马上回落（图2-29）。紧接着由于全球供应紧缺，日本的出口也开始大幅上扬（图2-30）。这次的政策总算没有白费。

2022年俄乌冲突引发国际油价暴涨，日本终于看到了久违的通货膨胀（图2-31）。虽说这种输入型通货膨胀对一国经济来说并不意味着利好，但日本已经管不了那么多了，只要是通货膨胀，我们就都欢迎！

（单位：十亿日元）

图 2-28 日银资产负债表进一步扩大

来源：日本银行

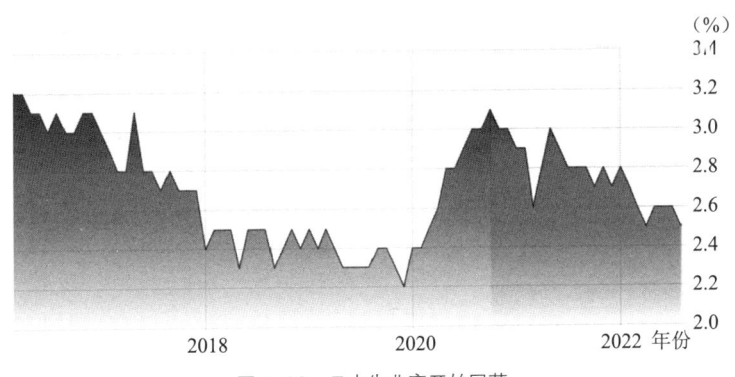

图 2-29 日本失业率开始回落

来源：日本总务省

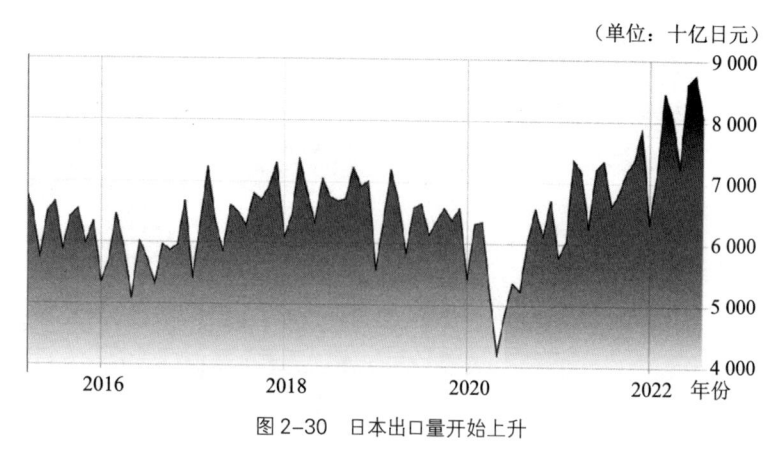

(单位：十亿日元)

图 2-30　日本出口量开始上升

来源：日本财政部

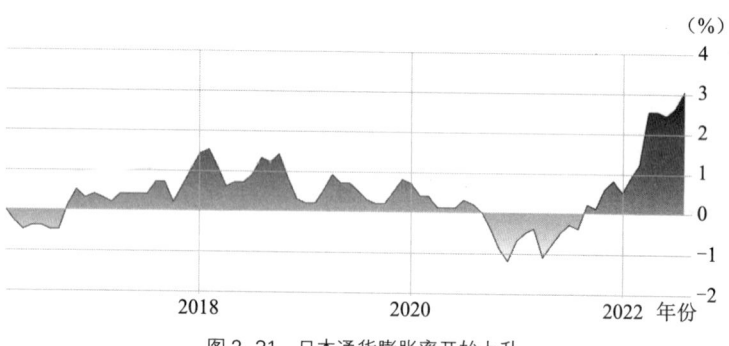

图 2-31　日本通货膨胀率开始上升

来源：日本总务省

结语

看着再次重启的通货膨胀、快速上升的出口、持续下跌的失业率、飞涨的股市，日本总算结束了它噩梦般失落的 30 年吗？日

68　　时势——周期波动下的国家、社会和个人

本高达 260% 的负债占 GDP 比重大家不担心吗？为什么日元汇率在 2022 年持续暴跌，国际炒家大举做空日元？为什么一向稳定的日本国债在 2022 年 6 月出现闪崩？下一章，我们来聊聊 2022 年日元和日债经历的血雨腥风。

日本之殇·三

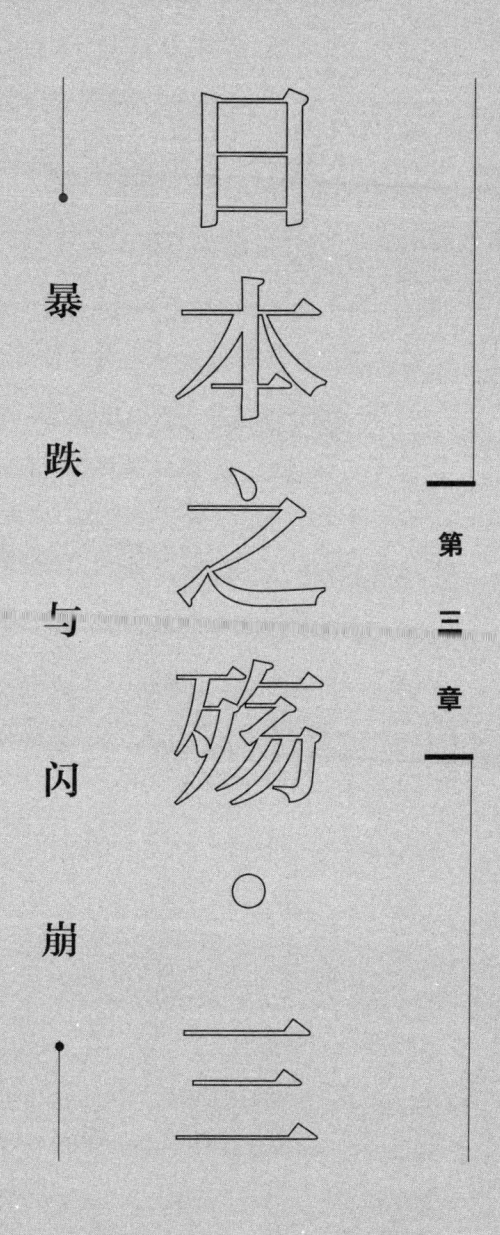

第三章 暴跌与闪崩

导　语

　　最近几年日本的经济就像坐上了过山车，忽上忽下，十分不稳定。自 2022 年 3 月开始，日元汇率连续暴跌，大有一泻千里之势，一路暴跌至 1998 年亚洲金融危机以来的最低点，一向稳如磐石的日本国债在 2022 年 6 月突然闪崩，日本虽然也迎来了久违的通货膨胀，但却高兴不起来。

　　本章将为大家解读 2022 年日本资本市场的动荡及其与国际资本市场的博弈。

日元汇率暴跌的来龙去脉

我们先来说说日元汇率从 2022 年 3 月开始暴跌的来龙去脉。

如图 3-1 所示,浅色线代表这一年日元兑美元汇率(后文提及的日元汇率均为日元兑美元的汇率)的走势,而深色线代表美国和日本 10 年期国债的利差,二者相关性极高。

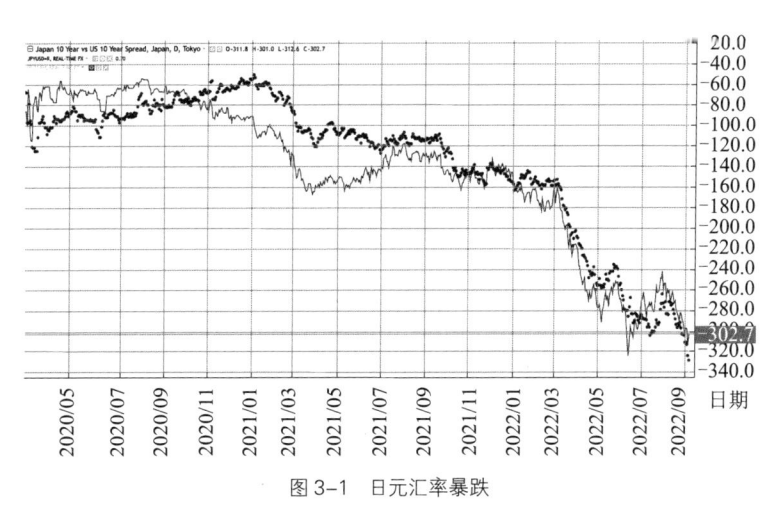

图 3-1 日元汇率暴跌

注:纵坐标为日本 10 年期国债利率和美国 10 年期国债利率差,由"日本 10 年期国债利率 - 美国 10 年期国债利率"得来。
来源:Investing.com

日元汇率涨跌都与这条深色的曲线相关。通俗来理解，国债利率代表了对应货币的投资收益率，所以日本的国债利率相对于美国越高，说明日元的投资回报率越高，而投资日元的人也会越来越多，日元就会升值，反之同理。所以国债利差和汇率是高度正相关的。

这也是为什么美国一加息，其他国家就也不得不跟着一起加息，不然他们的货币兑美元就要大幅贬值了。

当然，两者的相关性实际上没有图 3-1 所示的这么夸张，其中还包含一些巧合的因素。如果我们把时间线拉长，二者还是会有很大偏差的，毕竟影响汇率的因素太多了，不能单用利差来解释。

简单梳理 2022 年的全球经济大事件，可以大致推出这样一个链路：俄乌冲突导致能源危机，油价暴涨，进而导致美国通胀进一步加重，逼得美联储赶紧加息，加息导致美国 10 年期国债利率飙升，和日本 10 年期国债利差大幅增大，使得资本流向收益率更高的美元，最终导致了日元兑美元汇率的暴跌。

很多人也都意识到了其中的关联。一听说美联储要加息，做空日元直接成了全球对冲基金年度最火的交易策略。

知识点延伸

国债利率和一国经济的关系

国债，顾名思义是国家以自身信用为基础，以筹集资金为目的，由中央政府向社会发放的债券。国债的持有者可以是金融机构，如商业银行、养老基金、对冲基金等，也可以是私有制企业、个人投资者和外国投资者。这些国债持有者都是国家的"债主"，国家也需要对其还本付息。因此，债券的利率其实也正对应着债主获得的收益率。

国债的价格随着需求的增加而增加似乎很好理解。买的人多了，价格自然就会被抬上去。相比之下，债券价格越高利率越低，这似乎有点让人摸不着头脑，下面我们来了解一下债券是怎么定价的。

投资者购买债券，就是看中了债券带来的稳定现金流。假设有一张5年期债券，票面价值（par value）是1 000元，票面利率是5%。这意味着在接下来的5年里，投资者每年末获得50元的利息，第五年末还会收回本金1 000元。

债券定价的核心是现金流折现，就是把未来的钱折算到现在。我们都知道"今天的1元钱不等于明天的1元钱"。想象一下在2000年，100万元就可以在北上广深买到中心地段的房子。可到了2020年，在动辄每平方米几万元，甚至十几万元的北上广深中心地带房价面前，200万元可能还凑不够首付，就是这个道理。

我们需要给未来的现金打多少折扣，也就是用多少的折现率将其折成现值。假设折现率为6%，意味着今年的

100元和明年的106元价值相同。还用上面的例子，我们把每年折现后的未来现金流加总，得出债券价格：

$$债券价格 = \frac{50}{(1+6\%)} + \frac{50}{(1+6\%)^2} + \frac{50}{(1+6\%)^3} + \frac{50}{(1+6\%)^4} + \frac{50}{(1+6\%)^5} + \frac{1\,000}{(1+6\%)^5}$$

$$\approx 957.88 \text{ 元}$$

由此可以看出，债券收益率与价格呈完全负相关。

影响债券利率的因素通常有：信用风险、通货膨胀率和到期日。通常，债券利率与这些因素正相关。

评级机构会对各国债券进行评级，美国和日本作为发达国家，国债的信用风险几乎可以忽略不计（risk-free bond）。一些新兴国家和发展中国家，由于国家自身的信用风险较高，故发生违约的概率大于发达国家，它们的国债利率往往也高于发达国家。

对于更长期的国债，投资人一般要求的回报也会更高，来弥补长期持有带来的流动性风险。就好像银行的定期存款，一般情况下，储蓄时间越长利率越高。因此，在正常情况下，利率相对于时间的曲线是向上倾斜的（图3-2，称为normal状态）。

根据一国宏观经济的不同，利率曲线也会有更多可能性。比如一国央行采用了宽松的货币政策，以刺激借贷和投资等经济活动，从而拉动国民总需求。投资者预期未来的经济大环境向好，物价水平上升。长期国债利率除了需要补偿时间和流动性带来的风险，还需要弥补高通货膨胀的影响，因此其利率曲线会变得更加陡峭（图 3-2，称为 steep 状态）。相反，如果投资者认为短期内经济呈现衰退，至少短期内对经济发展没有信心，则可能抛售短期国债，转向购买长期国债。高涨的需求拉高了长期国债价格，因此其利率下降，出现利率曲线倒挂的局面（图 3-2，称为 inverted 状态）。

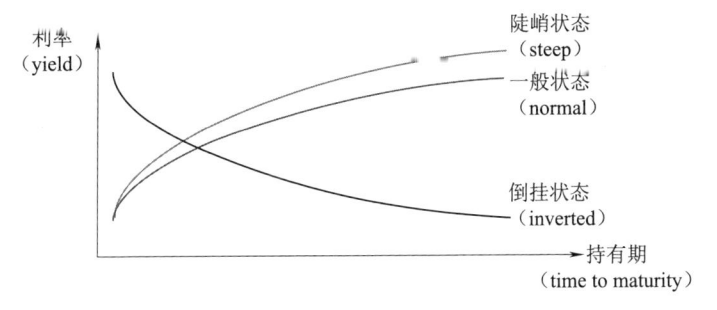

图 3-2 国债利率曲线与持有期之间的关系

因此一般来讲，在经济大环境向好、市场信息充足、通货膨胀预期走高的情况下，国债的利率曲线大概率呈上升趋势。反之，在经济面临衰退、市场信心不足时，出现倒挂也不足为奇。

日元汇率暴跌导致的后果

汇率涨跌的影响不像我们投资股票或者房地产时那么绝对：涨就是好，跌就是不好。

那么日元汇率的暴跌意味着什么呢？

首先，日本的商品在国际市场上更便宜了，这样一来就可以刺激出口；其次，国际市场上的商品在日本市场卖得贵了，就会带来通胀。

输入型通货膨胀加剧

我们在前两章曾多次提到，日本在历史上作为出口大国，一直都力求日元贬值，日元升值反而是导致多次危机的重要原因。所以大部分情况下日本政府听到日元贬值，心中应该是很欢喜的，但是，这次他们却不太开心。

首先是因为这次是暴跌，日元兑美元汇率直接从1/115变成了1/145（图3-3）。相比可控的、慢慢悠悠的下跌，暴跌会比较麻烦，会导致国内需求下降。日本政府发现国际市场上的商品在国内突然贵了很多，油价更是翻了1倍多，这还是以美元计价，用汇率下降的日元购买石油就更贵了。民众看到东西突然间变得这么贵，心理上肯定接受不了，就都不买东西了，总需求骤减。

一国经济最不愿意看到的就是总需求下降。这也是一般大家都认为出现输入型通货膨胀不是好兆头的原因。

而且，日本也已经不是20世纪时的出口大国了。2008年之

图 3-3　日元兑美元汇率

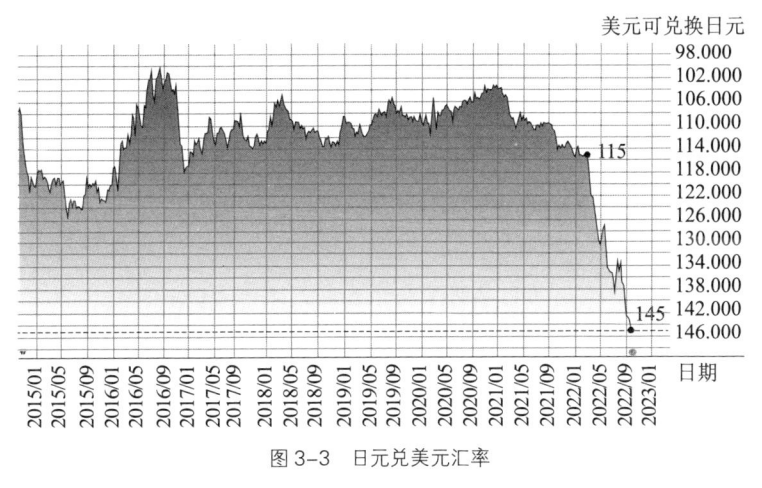

来源：TradingView

后，日本就经常处在贸易逆差中，即进口的商品比出口的商品多。对日本而言，日元贬值，很多外国的商品又不得不买，更是加剧了出现输入型通胀的趋势。

资本市场动荡不安

日元汇率暴跌还有一个更麻烦的后果——会吓退很多国际投资者，并且带来很多国际炒家，造成资本市场的长期动荡。

首先，与日本有长期贸易往来的国家肯定不希望日元汇率整天像坐过山车似的大起大落，日元一直以来也都是以低波动率闻名天下的，这也是它的流动性很好，大家都信任日元的一个重要原因。

其次，金融市场也不希望日元汇率大幅波动。日元在金融市场的交易量很大，稳居全球第三，其中一个重要原因就是它存在大量的套息交易（carry trade）。

知识点延伸

套息交易

套息交易的原理是这样的：假如日元的利率接近零甚至为负，美国的利率明显高于日本（比如为2%），套息交易的投资人就可以进行如下操作：首先在日本以特别低的利率借到钱，把钱换成美元，将这笔钱用于购买美国国债等高利率投资品，产品到期后再将其卖出换回日元（图3-4）。这样就可以利用日本和美国的利差来获得更高的收益。

图 3-4 套息交易

这是一种从2000年左右开始兴起的获得被动收入，也就是躺着赚钱的方式。全球各国都有很多基金公司、养老金公司、保险公司乐此不疲地进行这种交易，日元套息交易量在2008年之前就已经超过了万亿美元规模。

不只日本，瑞士也一直维持着低利率甚至负利率（图3-5），所以瑞士法郎也是套息交易一个非常主要的标的货币。这也是瑞士虽然经济体量不大，但货币交易量很大的原因。

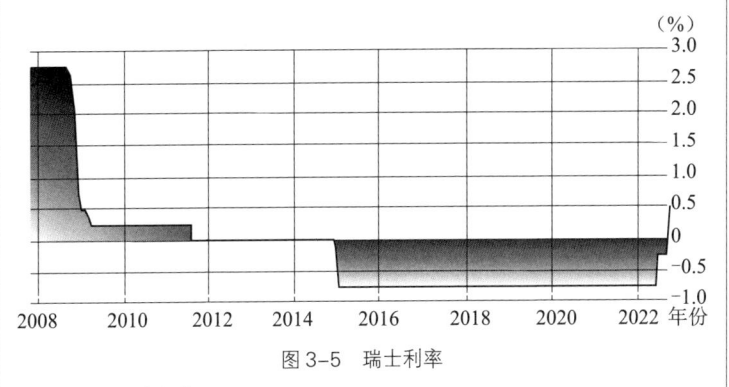

图 3-5 瑞士利率

来源：瑞士国家银行

套息交易也让日元和瑞士法郎成了避险货币。

避险货币，就是一遇到风险、黑天鹅事件大家就一窝蜂跑去买的货币。其中很重要的一个原因是一旦发生黑天鹅事件，大家就都要清仓自己的头寸[①]，现有的套息交易就要平仓或对冲自己的汇率风险，就会大量买入汇率相对稳定的货币，比如日元或者瑞士法郎，从而造成这两种货币在风险时期价值会上涨。久而久之，这两种货币就成了"避风港货币"（safe haven currencies）。

---

① "头寸"在金融领域里就是款项的意思，是业内"黑话"，通常指投资者在交易中持有的标的物的品种、数量、价格方向变动等信息。

但对套息交易的投资人来说,其实有个很大的风险——在开始的时候要先把日元换成别国货币,等到想要退出平仓时,需要反向将货币兑换回来。如果在两次操作期间,日元一下子变得很值钱了,投资人很可能会得不偿失,套息收益全部亏光。如果选择对冲又很贵,因此基本上就没有套利空间了。

所以这些套息交易一定要选汇率非常稳定的币种,不然就不是躺着赚钱,而是"考验心脏"的投资策略了。日元汇率大部分时间都非常稳定,所以才这么受欢迎。可是这回日元汇率波动太大,国际投资者看到苗头不对,认为日元不适合再套息了,就会大规模撤资。

不光是套息交易,所有在日本投资的国际资本都非常不愿意看到日元汇率这么波动,如果持续下去肯定会逐渐减小头寸。而且不光是游资,日元还是全球各国国库的第三大储备货币,从国家层面看,日元汇率暴跌也可能会降低各国对日元的外汇储备。

这样一来,日元在国际金融体系中的地位就会下降。所以长期来看,日元汇率暴跌对日本资本市场的负面影响不可估量。

日本政府的两难处境

日元汇率暴跌,在导致本国需求降低的同时也使别国资本外逃,日本政府肯定很着急,那能不能不让日元贬值得如此严重呢?

答案好像很简单——可以跟美国一起加息!但对日本来说实现起来却十分艰难。

日元如何加息

前文说到日元兑美元汇率其实是跟着两国 10 年期国债的利差走的。在美国、英国的 10 年期国债利率都超过了 3% 的时候，日本的国债利率还是 0.25%（图 3-6），这就有巨大的利差，导致日元贬值。

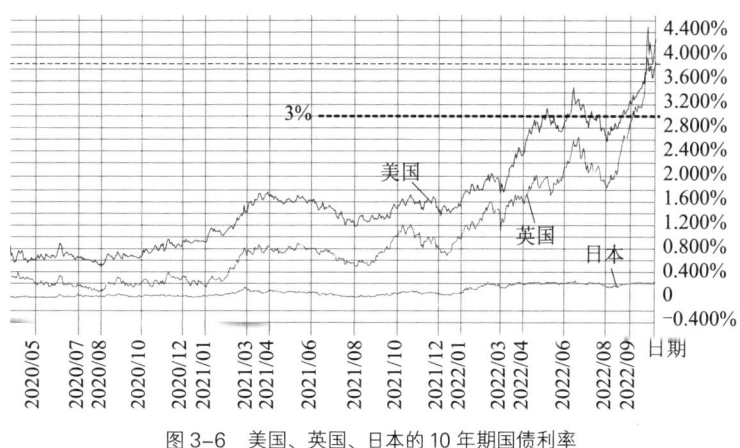

图 3-6　美国、英国、日本的 10 年期国债利率

来源：Bloomberg

按照这个逻辑，日本政府只要提高 10 年期国债利率，日元的贬值不就能缓解了吗？但上一章介绍过，日银正在实施有质量的量化宽松政策，几乎不计代价地印钱购买日本国债就是为了控制国内利率长期处于 0.25% 以下（债券的价格和利率呈完全负相关，债券价格越高利率越低。所以不断买入国债，就可以把利率控制在 0.25% 以下），来刺激国内经济。因此，如果现在加息让日元升值，就和之前长期坚持的目标冲突了。

因此，日银在加息问题上面临两难的困境：到底要不要跟着美国一起加息来控制货币的贬值呢？于是，2022年四五月时，金融市场上的两大话题分别是：猜测美联储的加息节奏，猜测日银是否会松口跟着美国加息。

那么，加息与不加息到底对日本意味着什么呢？

如果不加息，汇率就很有可能持续暴跌，谁也不知道会跌到什么程度，持续下去很有可能会导致通胀过高、需求萎缩和金融市场动荡。

如果加息，日元贬值的势头会减缓，但同时也会抑制本国的货币流通，这同样会抑制需求。前两章提到，日本多年以来的人口老龄化和信贷市场萎靡导致国内需求一直低迷，现在加息会不会使这一情况雪上加霜呢？

同时，提高国债利率还会导致一个更麻烦的问题——债务变高。国债利率可不是单单拿出来代表国家利率水平的，其产生的所有收益其实都是日本政府的债务。而日本政府早就处在借新债还旧债的循环中了，其债务比例冠绝全球，达到了GDP的260%——共计10万亿美元。在最近十几年利率几乎为零的情况下，日本政府都要拿出自己将近20%的财政收入去付国债利息，如果所有债券的利率都上升1%，那日本政府的收入连偿付利息都不够。

现在大家应该清楚利率对日本政府财政的影响了，这也是为什么经典经济学理论认为一个国家发行的国债总额不能超过GDP的100%。日本之所以能够保持260%的负债率，首先就要感谢日银一直以来的大力支持，以低到接近零的利率发债，而且日本国债的 50% 其实都握在日银手中，如果真有一天还不上了，那日银肯定要听政府的，自家人赖掉自家人的账。

最终日银一掂量，放松利率曲线控制的风险实在是太大，而且 2022 年是黑田东彦任期的最后一年，他可不想再出什么幺蛾子，所以日本国内分析师几乎都认为日银不太可能放宽 10 年期国债 0.25% 的收益率上限。

外国资本做空日本国债

但有些外国资本却不信邪，认为日本政府可能会放宽 0.25% 的利率上限，就去大量做空日本国债和国债期货，押注利率会上涨。一旦日本政府松口，不再撒钱买国债，国债就会暴跌，利率就会暴涨，这些外资就会大赚一笔。

自 2022 年 3 月日元汇率暴跌开始，外资就一直在做空日本国债，就是想把利率顶到 0.25% 以上，而日银就不断买进国债，要把利率压在 0.25% 以下，双方展开了"国债利率保卫战"。所以可以看到，日本 10 年期国债利率一直在 0.25% 左右徘徊（图 3-7）。

从 3 月开始，双方的激战愈演愈烈，国债交易量持续上升，尤其是在 2022 年 6 月达到了高峰，多次出现国债盘中崩盘，日银立刻出手给买回来的情况。这些外资希望像当初索罗斯攻击英镑和泰铢一样攻击日本国债，让日银看到现在的市场意愿，逼日银就范。

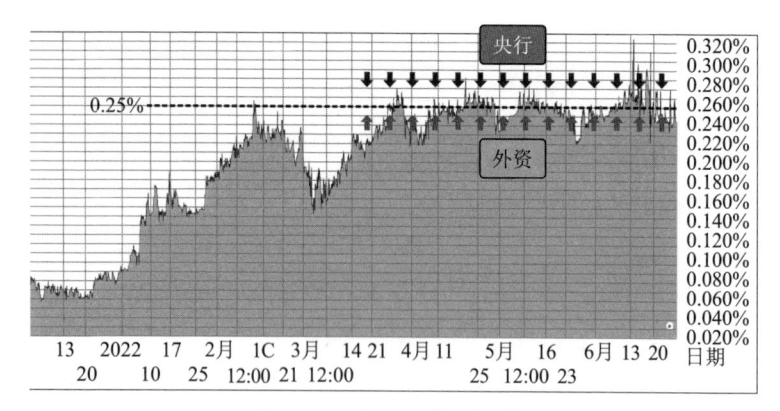

图3-7 日本10年期国债利率

来源：Bloomberg

知识点延伸

索罗斯攻击英镑

索罗斯于1992年9月对英镑发起攻击，直接导致了欧洲汇率机制崩盘。索罗斯也因为此举受到很多金融巨鳄、经济学家的抨击。但他本人却赚得盆满钵满，名声大噪。

那索罗斯是怎么靠着做空的操作，击溃如大树般坚挺的英镑的呢？

二战之后，欧洲各国为了自身的稳定和对抗势如破竹的美国，建立了一个跨国家联盟——欧洲汇率机制（The European Exchange Rate Mechanism，ERM），也就是欧盟的前身。成员国虽说还是用自己的货币，但同意把各国的汇率关联起来。联盟各国的货币必须紧紧咬住德国马克，利率上下波动不得超过6%。欧洲汇率机制成立的初衷是让投资人和涉及进出口贸易的企业不需要担心汇率巨大波动带来的损失，便于签订长期稳定的商业合同，使商品和资金在联盟成员国之间顺畅流通。

但这样会产生一个问题：如果某个成员国处于经济衰退周期，央行需要降息刺激经济和生产活动，而德国央行正在加息控制通胀，一边要降息，一边要加息，利差就会让资金流向德国，导致马克升值，该成员国的货币贬值；而且如果利差持续，汇率波动很有可能超过6%的上限。可见为了和德国马克的汇率保持恒定，成员国调整利率的空间就十分有限。成员国必须紧跟德国的调息步调，同步加息或者降息，一旦落队，欧洲汇率机制就维持不下去了。

我们再来看当时的经济背景。自1990年德国统一后，德国政府大量印钱建设原民主德国，通货膨胀严重。通胀压力迫使德国央行进入加息周期。反观20世纪90年代的英国，经济衰退，失业率上升，英国央行急需降低利率来解决问题，可是一旦降息，英镑可能就与德国马克脱钩了。此时的英国，就像翅膀被绑住的雄鹰，眼睁睁看着企业倒闭，人民无法偿还房贷，却无计可施。

这一现象很快被敏锐的索罗斯捕捉到了，他笃定英国政府要救市，退出欧洲汇率机制是必然结果，而到时候被高估的英镑将会面临崩盘。保险起见，在开始"攻打"英镑前，索罗斯带着这套理论在芬兰和意大利小试牛刀，结果不出所料，芬兰马克和意大利里拉都跌破了欧洲汇率机制所允许的下限。初尝甜头后，索罗斯把枪口对准了英国。

当然，一开始英国政府还是发挥了老牌强国一贯的作风，强硬宣称自己有能力维持英镑和德国马克的汇率。投机者卖多少英镑，英国政府就买多少。但索罗斯早已预判到英国的外汇储备不足以支撑英国政府"想买就买"的豪言壮志，他用自己的资产和黄金做抵押，通过各种渠道借英镑。

1992年9月16日，猛攻开始了。索罗斯领头的量子基金开始疯狂抛售英镑，这一重磅炸弹让英镑汇率直接跌破了欧洲汇率机制所规定的下限。英国央行慌了，花费巨资在市场上买入英镑，但这些钱如同沉入海底，没有激起一丝水花。原来索罗斯在市场舆论方面也做足了功课，不断散布英镑贬值的消息，市场上看空英镑的局势已经形成，英国本土的银行业、金融机构甚至个人也加入了做空的队伍，大家都争先恐后地在市场上抛售英镑。英国央行仍垂死挣扎，不顾低迷的经济环境，在一天内两次大幅度加息，将利率从 10% 提高到 12%，再加到 15%。通过这些操作，我们完全可以感受到英国政府当时背水一战的决心。

然而，做空的力量实在太大，英国政府施展了所有对策也无力回天。就在同一天晚上 7 点，时任财政大臣拉蒙特召开新闻发布会，宣布英国退出欧洲汇率机制，从此英镑汇率随市场供求波动，英镑兑德国马克的汇率逐步下跌。而索罗斯低价买入英镑，能带着超 10 亿美元的收益，全身而退。

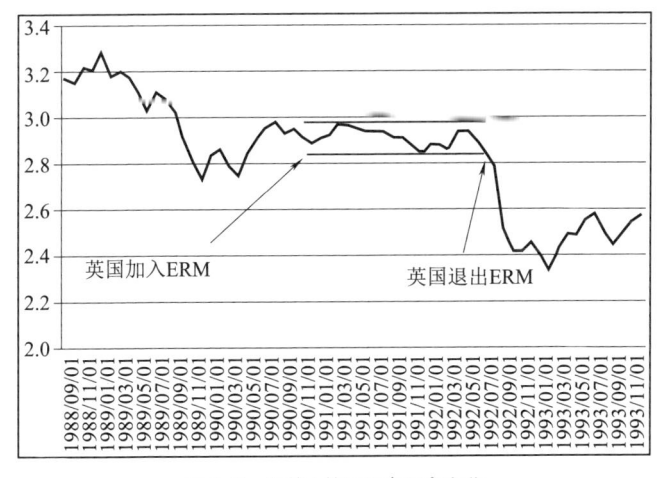

图 3-8 英镑 / 德国马克汇率变化

来源：英国央行

当年索罗斯做空英镑，英国政府不得不动用外汇储备来跟游资硬碰硬地较量。但跟当年的英国不同，现在的日银可以自己印钱，手中有无限量的"弹药"，取之不尽、用之不竭，外资怎么可能比得过。图3-9为日银买入国债的速度，在6月印了价值超过万亿美元的钞票来买日本国债。从5月初到7月，日银持有的日本10年期国债增加了将近1 000亿美元。

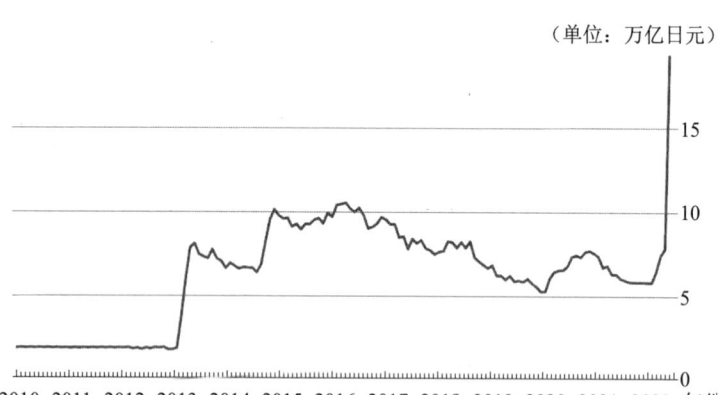

图3-9 日银买入的日本国债在2022年骤升

来源：日本银行

以至于日本国债利率曲线在10年期处出现了一个豁口（图3-10）。（本来应该像深色线一样，但现在变成了浅色线这样。）

既然知道日银有无限弹药，那外资为什么还是要跟日银硬杠呢？其实他们的想法也能理解，他们并非要打垮日银，而是想让日银看到市场的供需不平衡，从而放宽之前的控制，日本政府印的钱也实在太多了，自己心里应该也发慌。

而且这次做空其实是典型的成本收益不对等。如果赌输了，日

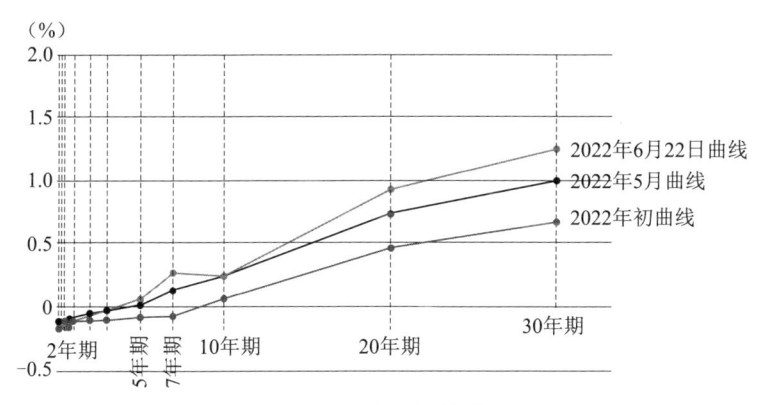

图 3-10　日本国债利率曲线

来源：Refinitiv, World Government Bonds

银控制住了国债利率，那么国债利率也降不到哪儿去，所以亏不了多少钱，而一旦押对了注，利率真的涨上去了，那可就是巨大的收益。这就好比花1元钱去赌100元钱的潜在收益，赌输了只损失1元，而赚了可能就是100元呀！其实就是计算预期收益是否为正，日银放宽限制的概率是不是大于1%。

日本大部分本国投资者对日银极其信任，觉得日银肯定会说到做到，保住国债利率，所以认为做空根本不会赚到钱；但是外资却觉得还有搏一下的可能性，因此宁愿"花1元钱去玩一把"。赌的人多了，日银就过来维持一下秩序，明确表示会坚持之前的利率政策。

虽说国债利率被日银控制住了，但是日本现在的境况依然非常尴尬，不加息日元汇率很有可能就会持续暴跌，带来很多不确定性，本国的通胀也有失控的风险。当然，日本政府也可以动用自己的外汇储备去拉高日元，但是这种外汇干预很有可能会激怒美国，所以日本不到万不得已是不会主动干预的。

结语

日银和日本政府在之前 30 年和通货紧缩的斗争中积攒了海量的债务，导致一受到国际冲击债务问题和利率政策就会受到严峻的挑战。经历了半个世纪的大起大落，日本让全世界央行和政府明白了一件事儿：不是所有的事情都能通过印钱和借钱解决的。

不过日本的家底很厚，社会福利政策也相对完善，虽然经济增长乏力，但目前的人均经济水平和幸福指数都位于全球前列，人均寿命也是全球第一。

以上三章内容主要是从宏观经济和政策制定的角度将日本经济泡沫、失落的 30 年和这两年的经济动荡梳理清楚，希望能帮助大家更加了解日本经济，了解资本与政策的力量，让大家从中感受市场中无穷无尽的不确定性和博弈的魅力。

第四章

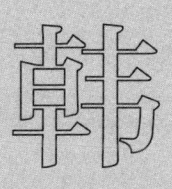

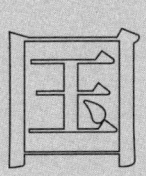

祸福相依的韩国经济

导 语

韩国,曾经GDP只有朝鲜的1/3。如今是全球第十一大经济体,亚洲仅有的四个发达国家之一,有着三星、现代等全球知名企业,娱乐业风靡全球。与此同时,它又是发达国家中幸福指数最低、生育率最低、自杀率最高的国家,财阀当道、官商勾结、腐败横行,如此多的现实问题又将这个国家拉到了另外一个境地。

韩国何以发展如此之快?其幸福指数又为何不高?到底是什么原因使这个国家充满矛盾?本章中,我们将从经济的角度切入,带大家了解不一样的韩国。

独立初期，百废待兴

朝鲜战争，经济停滞

从 1910 年开始，整个朝鲜半岛都处于日本的殖民统治之下。

直到 1945 年二战结束，在苏联和美国的制衡下，朝鲜半岛以北纬 38 度线（又称"三八线"）为界被划分成南北两部分，北部由苏联管理，而南部，也就是今天的韩国，则由美军管理。南北两部分分别在 1948 年独立为"朝鲜民主主义人民共和国"和"大韩民国"，也就是朝鲜和韩国。

1950 年，朝鲜战争爆发，一打就是三年，双方损失惨重，最终在 1953 年停战。北纬 38 度线及其周围地区被划分为朝韩非军事区并延续至今。

这个时期的韩国，确实手握一把"烂牌"：先是被殖民剥削了 30 多年，又经历了战争的洗礼，几乎所有工业设施都被夷为平地，人均 GDP 只有 67 美元，是当时美国的 1/35，堪称全世界最穷的国家之一。与之相对照的是三八线另一边的朝鲜，由于分走了半岛上大部分重工业设施和矿产资源，当时条件还是比只剩下农业的韩国要高出不少，甚至有很多韩国人因为太穷想要偷渡到朝鲜去。

李承晚时代的单一经济模式

独立后前十几年的韩国，当时被称为"第一共和国"，一直处于第一任总统李承晚的独裁统治之下。

李承晚政府并没有大力改善韩国的基础设施建设，韩国的经济也以农业为支柱。

在东亚这一区域，当时对外贸易相对发达的国家只有日本，韩国刚刚结束日本的殖民统治，并不愿意和日本人做生意。

在李承晚时代，韩国以什么作为经济支撑呢？答案是美国的资金援助。韩国当时几乎全部外汇储备，以及政府将近80%的收入都来自美国的资金援助。这种畸形的严重依赖海外资金的经济格局，使裙带资本主义在韩国逐渐滋生。简单来说就是官商勾结，一切靠钱说话。

虽然韩国政府权力很大，可韩国的经济发展情况非常差，导致税收无法顺利完成。政府缺少财政收入的有效来源，只能想尽各种办法从不同渠道增加财政收入，采取的做法也有一些现在看来不那么光彩，比如贩卖出口许可证给有钱的企业等各种权钱交易。这一方面扭曲了当时韩国少得可怜的供给和需求，同时滋养出了一大批与政府关系深厚的企业，其中包括大家熟悉的三星和LG等韩国最早的一批财阀。

总的来说，李承晚时期的韩国经济并没有什么起色，即使获得了大量的美国资金支持，人均实际GDP增长率还是只有可怜的 2%。

军阀时期，经济起飞

1961 年，韩国少将朴正熙发动了政变。18 年后，也就是 1979 年，朴正熙被刺杀。紧接着崔圭夏任总统，同年全斗焕发动政变，于 1980 年出任总统，又将军阀时期延续了 8 年。

但与大家印象里军阀执政抑制经济不同，这近 30 年时间反而成为韩国发展最为迅猛的时期，实际 GDP 的年增长率达到了 9.6%。韩国从一个靠美国救济过活的国家，摇身一变成为"亚洲四小龙"之一，为人所熟知的"汉江奇迹"也正是发生在这个阶段（图 4-1）。

韩国在这一时期到底做对了什么？

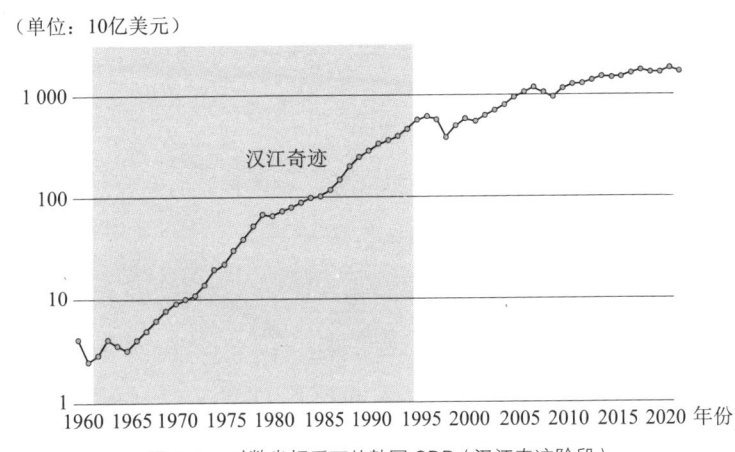

图 4-1 对数坐标系下的韩国 GDP（汉江奇迹阶段）
来源：世界银行

朴正熙的"五年计划"

首先说明,不管是朴正熙还是全斗焕,他们在任时,暴力镇压、独断专权、排除异己等问题都是存在的。这里对以上问题不做过多展开,主要从经济的角度切入,观察他们是如何带领韩国经济崛起的。

朴正熙本是少将,是军人出身,并非经济专家,但是他思维清晰,考量长远,从掌权开始就意识到,必须从根本上解决韩国的经济问题。他知道以韩国当时那种风雨飘摇的局面,仅靠着像"乞丐"一样依赖美国生存,一定不是长久之计。而想要稳定的政局,想要和朝鲜抗衡,就一定需要经济上的稳定、发展、独立。

所以朴正熙极其重视经济发展,立志要使韩国摆脱贫困。为此,他还特意建立了一个经济企划院,负责统筹经济规划,并规定经济企划院部长的级别高于所有其他内阁成员。由此也可以看出,他对经济发展的重视程度。

1962年1月,朴正熙正式提出了"第一个五年计划"(以下简称"一五计划"),这一计划也奠定了韩国整体的发展方向:以出口、工业化为主导的经济模式。

这个方向的精准程度,就仿佛朴正熙穿越到过30年后的韩国,才制定出这个政策,不但适合韩国的区位条件,还顺应了全球经济和产业的发展。虽然"一五计划"在实施过程中遇到了许多问题,但韩国经济还是以平均每年8.3%的GDP增长率、平均每年29%的出口增长率大获成功。而接下来的"二五计划"时期,

GDP 年增长率更是达到了惊人的 11.5%。

之后随着技术慢慢积累，在朴正熙掌权的后期乃至全斗焕时期，韩国又成功转型重工业，在钢铁、造船、基建等领域都成了世界排名前几的出口国，还发展了电子消费品、半导体这些技术含量更高的产业。

此时，韩国经济完全按照朴正熙"一五计划"的出口、工业化这两大方向，一路深化、一路开挂。

不过在现实世界中，有了正确的方向只是第一步，朴正熙又不能真的像打游戏一样开外挂作弊，他到底是如何让自己的"五年计划"在全国快速、准确地贯彻下去的呢？以笔者看来，主要得益于"两个支柱，一个推动"。

支柱一：财阀的形成

第一个支柱正是大家非常熟悉的"财阀"，这个支柱看起来也比较符合朴正熙的军队背景。现代经济学理念中提倡的中小企业自由竞争、优胜劣汰，在朴正熙看来并不适合当时极度贫瘠的韩国。要想在几年之内让各个产业都能有领头羊崛起，就要集中力量办大事。于是，朴正熙政府干脆直接制定好目标，分配给具体的公司执行。

比如，韩国想发展化肥产业，那就找一个现阶段最有能力、最听话的大企业，比如三星，给它最大力度的政策支持、最优惠的贷款，让三星迅速把化肥厂建造起来，这样就能让韩国在最短时间内达到化肥的自给自足。这一政策在当时的韩国非常奏效，一方面三星的能力确实很强，另一方面又有政府优惠政策的大力扶持，三星在短时间内就建成了韩国最大的化肥厂。

这种精准调控、指哪儿打哪儿的方式对朴正熙政府来说是非常高效的，责任也很明确，想发展哪个产业就找行业内大公司的负责人来配合。久而久之，越来越多的大公司在政府的"滋养"下一步步变成财阀。

殊不知，在朴正熙找到自己经济哲学里的第一大支柱的同时，财阀体制的潘多拉魔盒也被他打开了。它的弊端留到后文再展开。但是在20世纪六七十年代确实就是靠着财阀崛起，韩国才能用最快的速度、也是朴正熙最省心的方式，让工业和出口迅速发展起来。

在这种特殊时期发展起来的韩国财阀有哪些特点呢？首先，财阀所指的公司，不只是规模大这么简单。毕竟各个国家都有非常大的公司，但是说到财阀，大家一下就会想到韩国，主要还是因为它的两大特点：一是家族式，二是和政府关系密切。也就是说，韩国的这些财阀，是一些家族控制的、和政府紧密联结的超级大公司。

读到这里，大家是否觉得韩国的财阀与日本经济中的财团有些相似？但财阀和财团也有一些区别，最核心的一点区别在于，日本的每个财团都是以一个巨型银行为核心展开各种业务，而韩国的财阀没有银行业务，银行业务一直被朴正熙政府牢牢掌控，通过银行控制借贷也是朴正熙控制财阀的主要手段（图4-2）。

朴正熙在刚掌权的时候，本来是要大力惩罚原来李承晚时代的那些财阀的，他通过巨额罚款对这些财阀进行惩罚，甚至抓捕

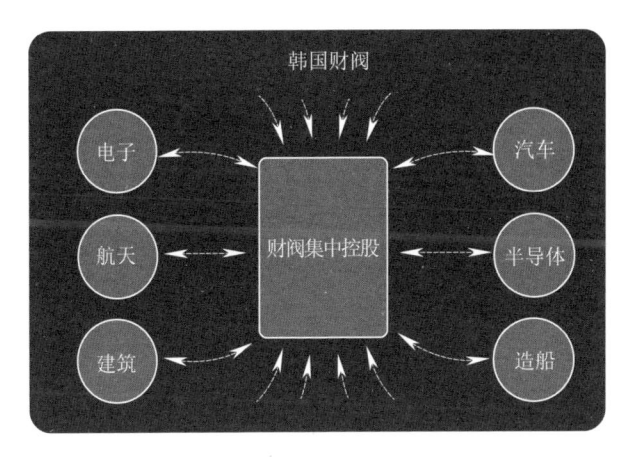

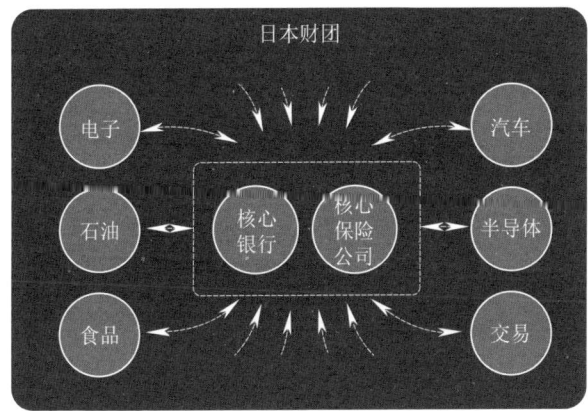

图 4-2 韩国财阀和日本财团的差异

了 51 位商界"大佬",其中就包括当时的韩国首富、三星掌门人李秉喆。但在和李秉喆交流了几次意见之后,朴正熙对这些财阀的态度有了一百八十度大转弯,开始寻求和财阀合作,甚至比之前李承晚时代更加重用他们。

韩国经济的各大命脉产业逐渐被一个个财阀控制,而政府通过银行体系把财阀们控制得死死的，能借钱给谁、不能借给谁、利率是多少全部由政府说了算。这种策略的实施既使各财阀不得不依赖政府，也使各种上得了台面、上不了台面的权钱交易越来越多。

财阀需要通过政府获得资金和政策支持，而朴正熙需要财阀的资源和影响力帮自己把控政局，打压政敌。简单来说就是四个字——官商勾结。

不过必须说明的是，至少在军阀时期，财阀的势力还没有大到形成垄断并造成全国性腐败的程度。首先，朴正熙非常清楚垄断对经济的破坏力，所以他虽然大力扶持个别企业，但依然鼓励竞争，尽量不让一个行业只被一家企业垄断。所以实际上，朴正熙政府会给一个行业内几家不同的大公司提供资源，让它们之间保持竞争，彼此激励和制衡。其次，当时财阀和政府间的权钱交易，基本限制在极为上层的、战略级别的交易，而不是财阀只要有钱，其家族成员就可以在各个领域都畅通无阻。

在这一时期，不管是朴正熙还是他之后的全斗焕，都非常明确韩国的核心目标始终是经济发展，财阀在获得政策倾斜之后必须做出成绩，搞技术研发、做产业升级，不然政府就会去扶持别的财阀。所以这期间韩国的财阀其实是在不停轮换的，大家轮流"坐庄"，比如1965年韩国的前100大公司到10年后就只剩下22家依然在榜。但一些能力与财力超强，同时又比较有策略的企业在这近30年时间里一直屹立不倒、越做越大。

比如当时有个人叫郑周永，自己开了一家做基建的公司，能力非常强。他连续帮美军和韩国政府做了好几个基建项目，盖楼、建桥。朴正熙由此发现这家公司的效率非常高。不但总能提前完成任务，而且项目完成的质量也很高。朴正熙认为郑周永是个人才，于是对他及其所创建的公司进行大力扶植，这就使他的公司一跃成了韩国建筑业的霸主，这家公司就是现代集团。1967年，朴正熙想学隔壁的日本大力发展汽车产业。于是，这第一个吃螃蟹的任务又落到了郑周永和现代集团头上，"现代汽车株式会社"成立。而现代集团也因为优异的表现不断得到政府的大力扶持，逐渐成长为韩国首屈一指的财阀。

在众多财阀不断的更替中，有四家一直不停地成长，成了当今韩国的四大财阀：三星、现代、LG、SK。

支柱二·对教育的重视

韩国的经济发展其实还有一个隐形的支柱——教育。

亚洲的韩国、日本、中国，都曾经历过经济发展奇迹。显然，教育是经济发展背后非常重要的推动力，甚至有可能是最重要的推动力之一。

这些国家在非常不发达、人均收入相对其他国家还很低的时候，人口素质却非常高。人均受教育程度高，就意味着在这些国家可以用相对低廉的价格招到高素质的打工人，所以它们才能相继成为"世界工厂"。

这也与这三个国家倡导的文化有关。相对于世界上其他国家或地区来说，东亚文化有着格外重视教育的特点。在很多地方，你只要是大学教授，拥有博士学历，就可以获得很高的社会地位，获得邻里的尊敬,这与一个人的出身和收入无关。对知识与文化的崇拜在东亚文化中似乎是深入骨髓的。

韩国也是如此,一从战争的动荡中恢复过来,就开始大力提高国民的教育水平。

朴正熙政府也看到了教育的重要性。他知道韩国商品要想在全球市场中有竞争力,需要有出色的技术和工人。所以他制定了"教育立国"的国家发展战略,采取建学校、大力推行职业技术教育等措施。当时,韩国政府平均每年都会将1/5的预算投入教育。韩国对教育的重视一直持续至今,2011年,韩国23~34岁的人口中,拥有大学文凭的比例已经达到了64%,要知道,在大部分发达国家,这个比例都不会超过40%。

再加上吃苦耐劳的精神,当时韩国工人可以用美国工人1/10的成本创造出2.5倍的产能。工作效率达到这样的高度,韩国的出口产业怎么可能不崛起?

后来到了"三五计划",韩国准备向重工业进军。当时很多海外投资人对此并不看好,觉得韩国各方面都基础不足,步子跨得太大了,可韩国最终却发展得异常成功。在1972—1982年间,韩国的钢铁产量涨了15倍,成为全球最主要的钢铁制造国之一,连造船这种复杂的重工业也快速崛起。这在很大程度上都依赖于十几年前就开始的全民教育大发展。

可凡事都有两面,韩国政府对教育的普及与重视,一方面造就了韩国经济的起飞,另一方面也成了韩国人民幸福生活的绊脚石,这一点后文会有深入的阐述。

一个推动力：引入外资

韩国经济崛起的另外一个推动力——外资，也是不容忽视的力量。

韩国独立初期一直严重依靠美国的资助。但美国也不是冤大头，不会持续不断地给韩国送钱，所以在李承晚执政后期就已经有减少资助的迹象了。

而朴正熙对当时这种靠着美国人救济过活的现状非常不满，他所推行的"五年计划"其实就是为了让韩国的经济独立。他甚至在计划初期限制包括美国、日本在内的国外资本进入韩国。

那为什么"汉江奇迹"的一大推动力是外资呢？这与那场旷日持久的越南战争有很大关系。

在1955年到1975年的这场长达20年的战争中，韩国总共贡献了超过30万兵力支援美国一方，这几乎可以说是"举全国之力"在帮助美国了。所以作为回报，美国给了朴正熙政府大量资金、技术、订单支持。

比如当时美国在越南、中东地区的很多基建项目都外包给了现代集团完成，这也是现代集团能崛起的原因之一。

而正巧在韩国承包中东基建项目时，也就是20世纪80年代，全球经历了两次石油危机。①要知道，石油危机对欧美来说是危机，但也正是中东国家大赚一笔的时候。这些中东国家赚到钱了，就开始大搞基建，韩国作为承建方，自然也分得了"一杯羹"。

---

① 石油危机的始末具体可以到第九章中了解。

也就是靠着这杯羹，韩国对冲了自己作为一个出口导向型国家在石油危机中的损失，其 GDP 在 20 世纪 80 年代依然延续了每年 10% 左右的增长。韩国 GDP 在石油危机期间的增长可以通过对数坐标图来展现（图 4-3）。

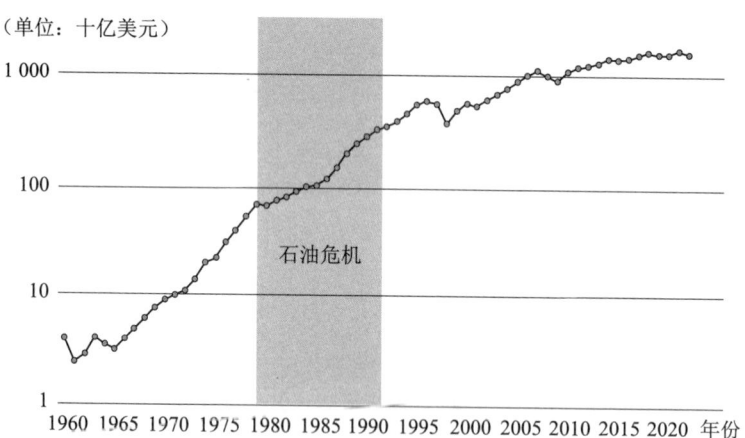

图 4-3　对数坐标系下韩国的 GDP（石油危机阶段）
来源：世界银行

韩国建筑业在当时到底有多辉煌？迪拜著名的哈利法塔、吉隆坡的双峰塔、台北 101 大楼，都是由韩国三星集团承包建造的，这些可都是世界数一数二的建筑项目，韩国企业在当时的竞争力之强可见一斑。

除了美国，日本也是韩国的重要投资者。虽然两国因历史原因曾经非常敌对，但后来韩国政府还是将经济发展作为首要目标。日本的投资也是重要的资金来源，韩国很快就放开了对日本的资本通道。当时正是日本经济迅速崛起的时期，日本是世界的主要"工厂"，韩国也是世界的一个"小工厂"，同时又是日本的重要"工厂"。

从 1961 年到 1979 年，韩国从美国和日本全面吸收的投资、技术和生产模式，都是韩国经济腾飞的助推器。

汉江奇迹

韩国依靠着"两个支柱"和"一个推动力"开启了"汉江奇迹"，而朴正熙也被称为"汉江奇迹的缔造者"。

从 1961 年到 1987 年这 27 年的军阀统治时期，虽然经历了两次石油危机，但韩国依然保持着平均每年 10% 的 GDP 增长率。而如果以韩国人均 GDP/ 世界人均 GDP 这一数值来观察韩国相对全世界的经济发展速度，大家会发现短短 35 年间，它的 GDP 从不到全球人均 GDP 的 1/4，涨到了全球人均 GDP 的两倍多，这一发展速度确实堪称"奇迹"（图 4-4）。

民主时期的韩国经济

从腐败渗透到"大而不倒"

1987 年，迫于多方压力，韩国通过了新宪法，恢复了总统民主选举，从此标志着韩国进入了民主时期。

韩国也同时迎来了自己的第六个"五年计划"。在这五年间，韩国顺应全世界经济的发展潮流，推行市场化、金融自由化、鼓

图 4-4　1960—2021 年韩国人均 GDP 与世界人均 GDP 的比值

来源：世界银行

励竞争等，再次迎来了超高速的经济增长，平均实际 GDP 增长率达到 10%，GDP 总量也攀升到了全球第 15 位。

但此时，财阀体系的弊端也开始逐渐显现了。

在军阀统治时期，政府对财阀有绝对的掌控力，所以能够压制住财阀，这些财阀也必须听政府的号令才能生存，当时的权钱交易也都集中在上层核心掌权人之间。

但因为韩国对之前的各种独裁统治、殖民统治有所忌惮，所以在民主时期，特别在宪法中规定，每个总统任期都只有 5 年，不得连任。也就是说，每个总统不管当得好、当得不好只能在任 5 年，而 5 年可能对于一届政府来说时间太短，很多政策或战略还未完全推行，就要换届了。

这一政策虽然可以有效避免独裁，但总统不断更迭，权力不再长期集中在个别人手里，再加上原来制衡财阀的最重要的金融系统也放开管制，政府不再完全控制银行体系，也就无法直接控制财阀。而定期举行的选举，更是给财阀们提供了徇私舞弊的空间。

于是，官商勾结开始向下蔓延，从中央选举阶段到地方推选阶段，再到选举之外的事务，逐渐都出现了腐败、贿赂的影子。军阀时期的韩国虽然财阀势力也很大，但是腐败问题并不严重。可从民主时期开始，财阀的触角真的伸到政府内部的各个角落，甚至是司法部门。

韩国几乎每一位总统都曾被曝出自己或者家人有受贿行为，这一现象也被戏称为"青瓦台魔咒"。

不妨设想，一个凭自己本事选上来的总统，或许还可以和财阀们对抗一番；但一个完全由财阀一步步推举上来的总统，吃人嘴软、拿人手短，如何能够制衡自己背后的金主？

于是，财阀对整个国家的掌控力越来越强。所以我们会看到：1985年之前，财阀还会非常频繁轮替，很难长盛不衰；可是从1985年之后，韩国的四大财阀直到今天屹立不倒。

而经济上，财阀的势力也成长到了"大而不倒"的地步。1990年，仅三星、LG、SK、现代、乐天这五大财阀创造出来的产值就占到了韩国GDP的2/3。所以韩国政府只能看着这些财阀兴叹，就算真要整顿也不敢下手太重，毕竟整个韩国的经济都指望着它们。

财阀们则是光明正大地继续疯狂扩张。利用金融开放、市场自由化等政策，尽其所能地提高借贷额、提高杠杆率，扩展出了大量子公司，横跨各个行业。

特殊的全租房模式

市场自由化还给韩国带来了另一个问题——银行系统的脆弱被暴露出来。

军阀时期，政府会牢牢地将韩国的银行业攥在自己手上，通过银行来把控经济并控制财阀，这在当时是非常聪明的做法。但从长远看，这一做法却会催生很大的负面问题。由于银行系统长期以来都有政府无条件的支持和庇护，所以完全没有做好市场化的准备，该借的人不借，不该借的人借很多，杠杆率也非常高。

这种不健康的银行系统让很多普通人无法通过正常手段获得贷款，从而演变出了一种特殊的金融模式：全租房。

韩国的租房分为两种形式：月租房和全租房（也叫传世房）。月租房就是我们熟悉的按月付房租。而全租房是韩国独创的租房体系，租客会在租期开始前一次性支付一笔高昂的押金，一般是房子总价的 50%~80%；之后，租客就可以在合同期内"免费"住在房子里，租约到期后，房东会如数返还全部押金。

不知道大家看到这种模式，会不会一脸问号？首先，如果租客有能力一次性拿出房价的 50%~80%，为什么不自己买一套房，却要选择租房？其次，对房东来说，押金全数返还，那不就意味着收不到房租？房东又图什么呢？

第一个问题其实恰恰反映了很多韩国年轻人的生活观念，他们更愿意把钱花在提高生活品质上，比如吃好穿好、外出旅行……而不愿意被房贷套着大半辈子，因此更愿意考虑租房。而全租房比起普通的月租模式，最大的好处就是省下了租金，颇受租客欢迎。

而要理解第二个问题，也是全租房模式能够兴起的关键，我们不妨把时间倒回全租房最热的2020年。受疫情大环境的影响，韩国GDP出现了自1998年亚洲金融危机以来的首次负增长，但房地产市场却逆势上涨，全国住宅交易价格上涨了5.36%。也就是说，整体经济下滑，大家收入减少，买房意愿下降，租房需求上升；而同时房价上涨，就让房市成了现金流的不二去处。这样的经济环境催生出了租房和炒房的需求。

而在房价上涨的环境下，全租房的模式恰恰迎合了双方的需求。对房东而言，以全租房的方式拿到大部分房款，就可以用这部分房款（或者再向银行借一部分贷款）拿去炒房，再以全租房的方式回笼资金，再去炒房。租期将满之时，房东只要把房子转手就可以拿回更多的钱，将一部分还给租客，剩下的就是自己炒房的收益。只要房价不断上涨，对房东而言就稳赚不赔。而且有趣的是，很多租客的钱反倒是从银行贷出来的，这在我们看来可能有点匪夷所思：银行不把贷款给有房（有抵押物）的人，反而贷给没有抵押物的租客。

就这样，房东、租客、银行形成了三赢的局面：租客可以"不花钱"租房；房东通过炒房赚钱；银行通过给租客和房东贷款，业务量成倍扩大。就这样左脚踩右脚，在全租房模式的助推下，韩国房价飞涨。

然而，如果我们仔细看全租房模式就会发现，这套体系的维持有两个重要前提：一是低息的环境，这对租客和房东而言还贷压力较小，他们才会愿意贷款，才会助推市场泡沫的增长；二是房价不断攀升，只有这样房东才能从炒房中获得收益。对房东来说，房子一租出去，相当于资金回笼大半，也可以看成一种变相的抵押贷款，这种方式很容易导致杠杆过高。韩国的居民债务和GDP的比值也一直升到了超过100%。连美国这么爱玩杠杆的国家在次贷危机最严重时，这个比例都不到100%，可见韩国的借贷杠杆有多夸张（图4-5）。

图4-5 韩国和美国的居民债务/GDP

来源：国际清算银行

而杠杆的天敌是什么？加息、流动性收紧。韩国在2021年为了抵抗通胀，进入加息周期，利率从 2021 年 7 月的 0.5% 一直加到 2023 年 1 月的 3.5%（图 4-6），市场流动性瞬间收紧，房市华美的假象也随之坍塌，韩国房市陷入流动性困境。第一个引爆的便是高举杠杆炒房的房东，房价下跌，没有人愿意接盘，房子开始折价出售。从 2022 年起，韩国的房价开启了连续的大幅下跌模式。一些房东没有资金返还押金，不得不卷款潜逃，银行只能拍卖房子止损。更可怜的是租户，他们不仅流离失所，还要支付高额的利息，很多年轻人看不到希望从而发生了更多社会悲剧。

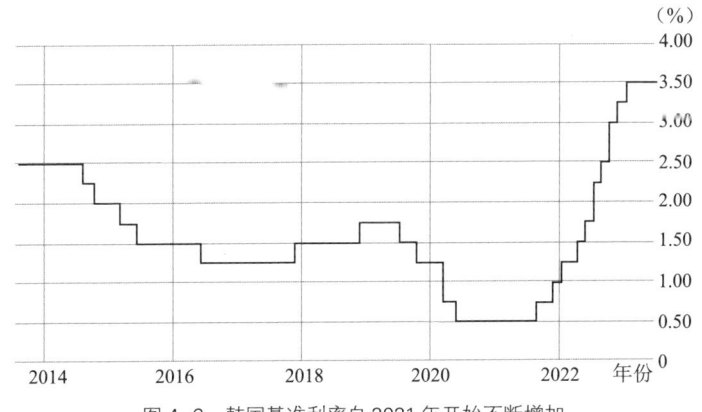

图 4-6　韩国基准利率自 2021 年开始不断增加

来源：韩国银行

亚洲金融危机

比较落后的韩国银行业，除了间接导致全租房模式的兴起，还带来了一个更直接的后果——亚洲金融危机。

1997年，金融危机席卷全亚洲，东南亚各国相继倒下。但韩国的经济实力有目共睹，所以市场普遍认为它不会受到太大冲击。但出人意料的是，它竟然也跟东南亚小国一样，一碰就倒了。这背后又是银行业过度放贷、杠杆过高所引发的问题。

韩国财阀旗下的很多子公司并没有盈利能力，就靠着利息低廉的银行借贷支撑，而银行又觉得自己有政府撑腰，所以放贷的时候也肆无忌惮。这就导致金融危机来袭时，银行和财阀一受冲击就都陷入了严重的资金链断裂的危险中，连带着把整个韩国经济拖下水。韩国不得不紧急向国际货币基金组织借债580亿美元，这也是当时国际货币基金组织历史上最大的一笔救助款。一直高歌猛进的韩国GDP也在1998年下降了5.1%。

1998年金融危机之后，韩国开始大规模整改银行业。但银行业牵一发而动全身，整改只能小步慢来。所以直到现在，韩国的银行业相对于其发达的实体经济来说都是一个软肋。

财阀也在这次金融危机中受到了很大冲击。55家财阀相继倒闭，其中还包括当时韩国第二大财阀——大宇，它的倒闭也带来了韩国有史以来最大的破产。刚成立不久的三星汽车也在这场危机中彻底垮台，成了三星最不愿回首的失败案例。

还有大量财阀被迫将子公司剥离出去。外资和一些资金状况不错的韩国财阀则借此机会低价收购，比如现代就趁机收购了起亚，成了韩国具有垄断性质的车企。

好在韩国实体经济的基础还在，现金流接上之后，很快从金融危机中恢复过来。财阀们的规模相比1997年之前有所收敛，但实力并没有因此削弱多少，尤其是前四大财阀，地位反倒比之前更稳固了。如今，韩国最大的 50 家上市公司中有 47 家都是财阀。

韩国飞速发展的后遗症

金融危机之后，韩国的经济发展也一直很快。虽然不再像"汉江奇迹"那一段时间有超过 10% 的增长率，但成功地开始向技术创新和服务业发展。三星、现代、LG 这些品牌不光在韩国国内，在全球的竞争力也越来越强。韩国人均 GDP 也上涨到 35 000 美元，几乎与日本齐平了。

从数据上看，韩国的经济奇迹似乎还在继续。但在那些光鲜亮丽的数据背后，韩国却有着所有发达国家中最高的自杀率、最低的幸福指数和最长的工作时长，而这些其实都是飞速发展带来的后遗症。

阶层固化

首先是大财阀对经济和政治的控制让韩国陷入了阶层固化。

它们的存在扭曲并抑制了市场竞争。虽然这些公司本身发展很快，带来了 GDP 的快速增长，但具体到每个普通韩国人的生活，他们选择的空间变得越来越小。大家的目标变得惊人的单一：努力上好的中学，努力考进好的大学，努力进入四大财阀工作，努力进入管理层。

这也让韩国人逐渐对教育产生了不理智的追求,有人用"教育热"(Education Fever)来形容这种情况。

绝大部分人的学生生涯都充斥着各种补习班和考试,有95%的学生会参加一种叫作hagwon(韩语写作학원)的课外辅导班。平均每个韩国家庭都有1/5的开销用在这些辅导班上。很多韩国高中生都需要早上五六点爬起来去上学,晚上自习学到十一二点,回家之后还要再去hagwon补习到凌晨两三点!

大部分学生的终极目标就是要考进韩国三所最好的大学:首尔大学(Seoul National University)、高丽大学(Korea University)、延世大学(Yonsei University),简称"SKY"。

韩国有句俗语,大概意思是说:"你要是一天晚上睡3个小时,就能上SKY;你要是睡4个小时,就只能上个普通大学;你要是睡5个多小时,那大学就甭想了!"可以想象韩国学生的压力之大。

政府为了限制这些补习班,颁布法律说晚上十点以后不得组织补习班,然而这条法律治标不治本。补习班没有了,大家便转向了更贵的私教课,因为社会阶梯的现状和大家的观念其实并没有变。

这种对考大学的过分追求还导致韩国本科生的失业率甚至比没有本科学历的人还要高。

那考上SKY,就能放飞自我,自由选择工作了吗?也不能。要想进入四大财阀,还需要再过一次独木桥。三星每年都会针对应届生举办一次考试,参加的人有10万之多,只有不到10%的应试者会被录取。

进了大财阀以后也依然不能获得自由。几乎所有人都拼尽全力想利用向上的阶梯爬到高位。平均每个韩国人每年只请6天假,而韩国的平均工作时长又是所有发达国家中最长的。很多公司还有工作之后去应酬、喝酒的文化,基本上也都是半强迫性的。

这种过于固定的社会阶梯导致韩国人一生的各个阶段都处于竞争激烈的环境中,生活和工作的标准都被社会给规定好了,人要做的就是努力达到目标。GDP虽然增长了,可大家都被压得喘不过气来。

这种教育和工作上所谓的"内卷"给韩国人带来的负面情绪、负面压力,可能并没有在GDP、失业率、通货膨胀率这种经济数据中反映出来,但是对当代韩国人,尤其是韩国年轻人的影响巨大。

生育率低迷

在如此高压的环境中,韩国的生育率不断下降,也就不奇怪了。

发达国家的生育率往往都会偏低,但韩国的生育率在发达国家中,处于最末端。根据世界银行的统计,韩国的生育率只有0.84,是全世界最低的(图4-7)。如果一个国家想要维持人口数量,生育率至少要达到2,而一般认为低于1.5就是过低生育率了,韩国却只有0.84,这意味着平均每位韩国女性一生只生0.84个孩子。

在第二章中,图2-22是2020年韩国的人口结构图,呈钟形,新生人口急速下降。

如果仔细看,大家还会发现在62岁左右有一个明显的生育高峰，倒推回去，它正对应着 20 世纪 60 年代的"汉江奇迹"时期。

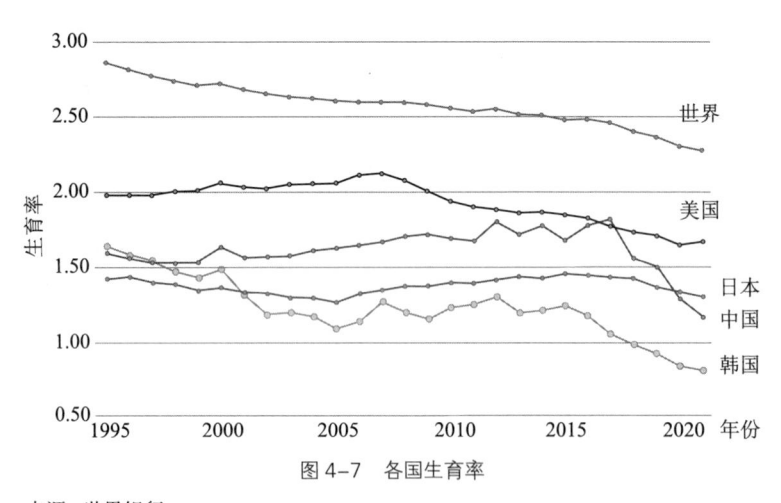

图 4-7　各国生育率

来源：世界银行

仅就当下来看，韩国的人口结构对经济发展是非常有利的。处于工作年龄的人口占据了最高比例，而需要被照顾和赡养的老人和小孩都非常少。可作为一个国家，不能仅着眼于当下，二三十年后，大量青壮年步入老年，新生人口却长期低迷，韩国的情况将非常不乐观。所以韩国政府这两年为了促进生育也颁布了各种政策，比如夫妻共同休育儿假、设置"父母津贴""婴儿补贴"等等。但这些举措目前来看，收效甚微。

结语

　　回头看看,韩国经济现在所经历的一切,似乎从一开始就有迹可寻。军阀时期的奇迹发展,却埋下了财阀当道的种子;对教育的重视是国家发展的助推器,后来却成了年轻人的沉重负担。这或许正应了那句老话:祸兮福所倚,福兮祸所伏。

第五章

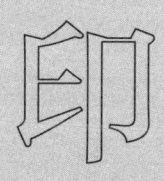

印度

"神奇"的印度经济

导　语

　　印度绝对是配得上用"神奇"二字来形容的国度。

　　除了神秘的宗教文化，在经济发展上，印度也有很多奇观：一方面，印度以平均 6.25% 的 GDP 增速在 21 世纪迅速崛起，先后超过了韩国、加拿大、意大利、法国、英国，成为世界第五大经济体，国内两大富豪轮番坐上亚洲首富的位子；另一方面，超过 10% 的印度人正生活在极端贫困线下。还有，印度已经超过中国，成为世界人口第一大国，而且目前还未面临老龄化的问题。但这么多的人口也带来了就业岗位的紧缺、人力成本比机器还低、130 年前诞生的千人洗衣场现在依然存在等令人匪夷所思的问题。

　　到底是什么让印度面临现在这种局面？印度经济到底是"即将崛起"还是"一片混乱"？

　　本章我们将从历史、文化、教育、人口等多个角度切入，带大家一起走近"神奇"的印度经济。

从被殖民到独立,印度经济的复苏之路

独立之前,为他人作嫁衣(1947年之前)

早在18世纪之前,印度和中国曾经是世界上经济体量最大的两个国家,各占全球经济的1/3。

那后来发生了什么使印度经济一蹶不振?一部分原因是欧洲的工业革命让西方经济体的生产力指数级上升,但对印度来说,更致命的原因是英国人找上门来了。

很多人都听说过两大"东印度"公司:荷兰东印度公司和不列颠东印度公司。前者主要覆盖东亚和东南亚地区,对印度影响不大;而后者则对印度影响深远——直接让国家间贸易逐渐转变成了英国对印度的殖民统治。

在殖民过程中,西方的管理理念、自由贸易制度和法治思想逐渐传入印度,但这些远不足以抵消印度付出的惨烈代价——英国从印度攫取了大量的自然资源,同时限制了印度的产业发展。在欧洲工业革命发展得如火如荼的背后,各种原材料、香料、纺织品均来自印度;而印度也因此只在农业和纺织业上有些发展,科技和工业没有任何进步。

图 5-1 是英国殖民印度期间两国的人均 GDP 变化情况，英国上涨迅速，而印度则多年没有显著增长。

二战结束之后，英国人离开，印度终于独立，此时它的 GDP 在全世界所占的份额已经降到了 2%。

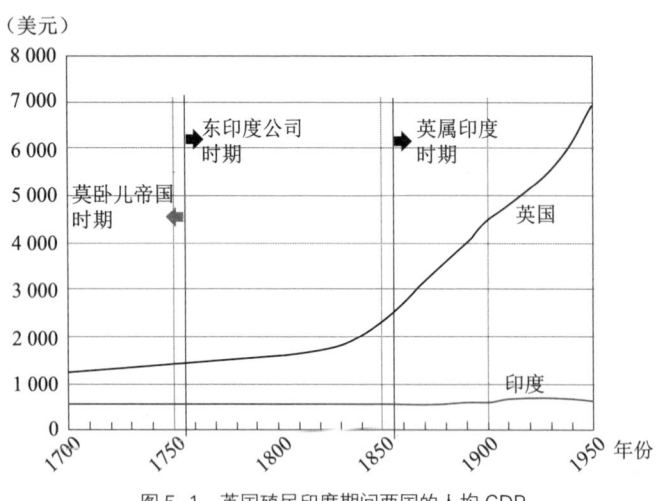

图 5-1 英国殖民印度期间两国的人均 GDP

来源：Tables of Prof. Angus Maddison（2010）

独立初期，经济恢复缓慢（1947—1991）

殖民虽然结束了，但英国给印度带来的影响却很深远。

刚刚取得独立的印度，对与英国相关的一切都十分抵触：被殖民的 200 多年，全方位领教了英国式的"自由贸易"！于是，印度开始把自己保护起来，政府控制主要的工业、银行，并对外汇和外贸都严格管理，全面接受了苏联计划经济的模式，几乎不接受任何外国投资。

具有印度特色的许可证制度（License Raj）也在这个阶段诞生。印度的大部分企业都要向政府申请许可证之后才能做事，在这一过程中可能需要多达几十个部门的备案和审批，还需要花精力打通各种关系。而一旦拿到证书，就相当于进了保险箱，之后的经营过程就可以"天不怕、地不怕"了。许可证制度在一定程度上方便了政府的调控，但其"严进宽出"的形式也带来了很多弊端，后文我们会再详细论述这一点。

总之，独立初期，印度在发展，但十分缓慢。20世纪90年代，印度的人均GDP只有300多美元，不到世界平均水平的1/10，这时"亚洲四小龙"早已腾飞。

改革之后，经济腾飞（1991年之后）

1991年，印度经济的重大转折点，来了！

就当印度在泥泞中前行的时候，现实又来了当头一棒。首先，苏联解体给印度经济带来了很大的打击，这意味着当时印度对外贸易的最大客户之一没有了；其次，海湾战争的爆发导致油价暴涨，这也使能源依赖进口的印度雪上加霜。一边是大客户不见了，东西卖不出去，收入减少，另一方面是能源进口一下子贵了一大截，两相夹击，使印度政府的现金流非常紧张，连国债都面临违约的风险。最后，逼得印度政府不得不向国际货币基金组织申请了18亿美元紧急贷款，才度过了当下的危机。

但国际货币基金组织在借钱给印度的时候，也提出了很多附加条件，其中就包括要按照"华盛顿共识"来推行经济自由化。

在这样的背景下，印度半推半就地进行了全面的经济改革，包括降低关税和利率、贸易自由化、放开外部投资等等。虽然改革整体看来不太彻底，但该国总算走向了市场经济，印度的发展也从此步入了快车道。

1995—2018年，印度平均每年的出口增速超过了13%，排名全球第三，仅次于中国和越南；GDP则以平均每年5.5%的速度稳步上升，经济体量达到了世界第五，离前面的德国和日本也不远了。摩根士丹利预测，印度会在2027年超过日本和德国，成为世界第三大经济体。[1]

全球"外包之王"

在印度这一时期的崛起中，有一个产业起到了至关重要的作用，也非常具有印度特色，那就是——外包（outsourcing）业务。

印度可以说是全球的"外包之王"，承担了全球超过一半的外包业务。几乎所有的美国大型科技公司，比如谷歌、亚马逊、Adobe（奥多比）、英特尔、苹果、IBM，都会把自己的一部分业务外包给印度。华尔街的很多投行也会把一部分IT部门放在印度。

那为什么这些大企业都喜欢选择将业务外包给印度呢？主要有以下几方面的原因。

---

[1] 我们一般使用的GDP数据为各国自己统计的版本，而国际上有很多人曾对印度经济数据的可靠性表示过质疑。

低廉的劳动力成本

最直接的原因是印度的人力成本很低。

发展中国家平均工资远低于发达国家，所以即使算上中间各种运营成本、沟通成本、时间成本等，在印度雇一个人的总成本也不到美国的一半，低廉的劳动力成本使印度受到发达国家的青睐。

印度还能提供很多会讲英语的低成本劳动力。例如 OpenAI 训练 ChatGPT，需要人工反馈来评价模型的回答，就从印度找了很多人来承担这份工作，一个小时只需要不到两美元的报酬。

IT 教育的肥沃土壤

但物价和人力成本低的国家多了去了，为什么不找老挝、越南来做外包呢？这就涉及印度的第二个优势——信息技术人才多。

印度人特别重视理工科教育，很多家长觉得培养孩子最理想的目标就是让其成为一个理工科人才，更精准一点的表达是，成为一个编程人才。同时，印度的大学对理工科的教育也非常重视，有着优秀的师资与基础。从这个层面来看，印度整个国家从上到下都很重视理工科人才的培养。

世界上很多顶尖科技公司的 CEO 也都是印度人，比如谷歌、微软、IBM、Adobe 等。而且这些人中的大部分并不是靠在美国留学后才变得如此优秀的，多数人都是在印度本土完成高等教育之后才去美国的。

不仅如此，现在硅谷大约 1/4 的科创公司都是印度人创办的，可见印度的理工科教育有多么强大。

英语的优势

而印度的另外一个优势，跟英国殖民关系密切——印度人会说英语！

即使只有10%~20%的受过良好教育的印度人会说英语，因为人口基数大，算下来会说英语的人也有1.5亿到3亿之多，把这部分人单拎出来都能在全球人口排行榜上排到前五名了。

所以印度可以成为全世界的呼叫中心和IT支持中心，很多全球购物网站和航空公司的客服都操着一口浓郁的印度口音。

据统计，2019年，印度外包业务的总收入达到了700亿美元（也有统计说超过1 000亿美元），这对于印度来说也是相当庞大的一笔收入。

世界第一人口大国

分析完外包业务之后，我们来更加深入地了解印度的人口状况。

根据联合国公布的最新世界人口统计数据，印度人口自2023年5月29日已达到14.28亿，正式超越中国的14.25亿，印度成为世界上人口最多的国家。据预测，印度的人口还在持续攀升，未来可能会涨到20亿。

印度不仅人多，人口结构看起来也非常"完美"。老年人占比较低，而年轻人和孩子的比例非常高。图5-2是中、印两国人

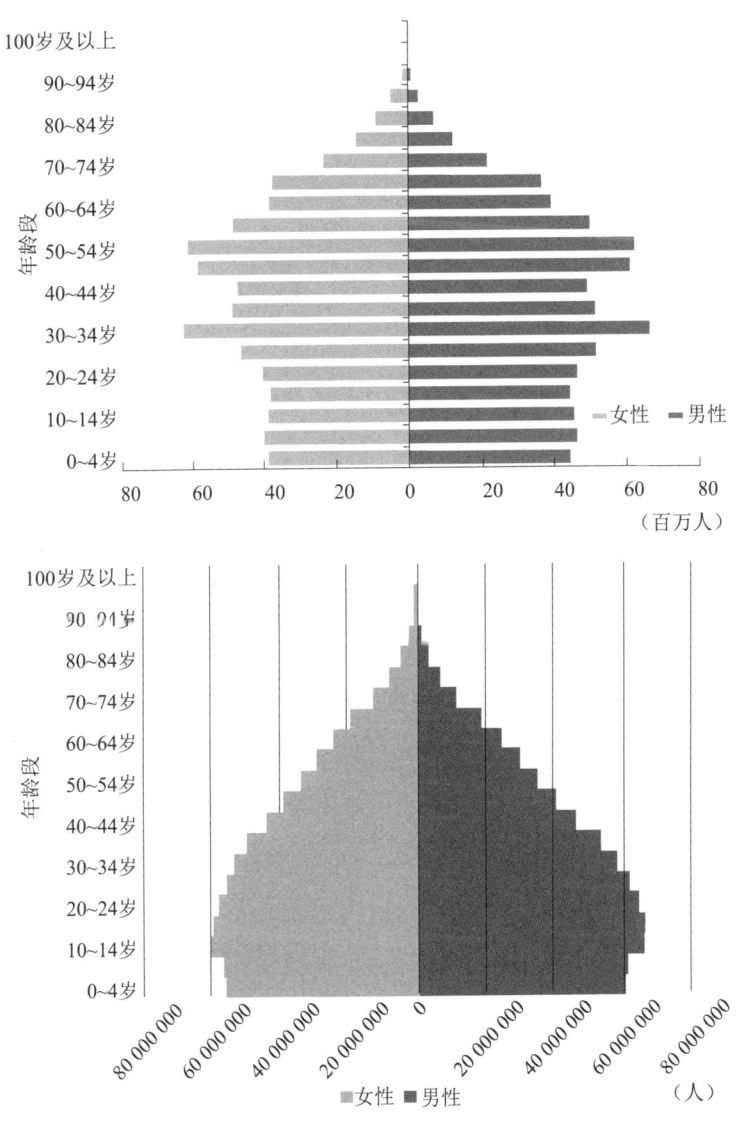

图 5-2 2020 年中、印两国人口结构

来源：联合国

第五章 印度："神奇"的印度经济

口结构的对比。印度人口年龄的中位数是 27.6 岁，也就是说，一半印度人都是 28 岁以下的年轻人。相比之下，中国和美国的人口中位数都在 38 岁左右，法国是 42 岁，韩国是 43 岁，日本是 48.4 岁。

这样的人口结构难道不是国家发展的红利和优势吗？可奇怪的是，印度不光没有鼓励生育，还一直在搞计划生育，鼓励大家少生、晚生。

我们从印度的人均 GDP 中或许能明白原因。

2021 年，印度的人均 GDP 只有 2 256.59 美元，还不到美国（70 248.63 美元）的 1/30。和其他亚洲国家相比，印度也不占优势。

从图 5-3 可以看到，中印两国在起步阶段的经济水平相似，但到 2021 年，印度的人均 GDP 不到中国的 1/5。

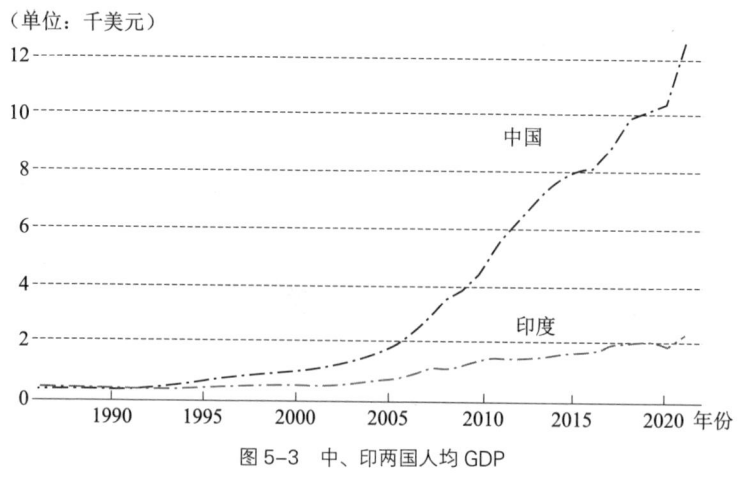

图 5-3 中、印两国人均 GDP

来源：世界银行

从辩证的角度来讲，人口数量巨大是一把双刃剑，既可能给一国发展带来"红利"，也可能会成为一国发展的负担。而印度现在面临的问题是人口基数大，不能人尽其用，因为国家产生不了足够的就业岗位，大量印度人找不到工作。对于底层很多连填饱肚子都困难的小家庭来说，人多可能更是一种负担，新生的家庭成员即使被成功养大，在未来也不一定能带来相匹配的收入，那么每多生一个孩子就并非多了一个劳动力，而只是多了一张要吃饭的嘴。这样的叙述听起来有些冷酷，缺乏人情味儿，但在经济学中，人口也是被衡量的资源之一。

同时由于教育资源不足，印度人的识字率只有77%。同在亚洲的泰国、越南、印尼、马来西亚，这一数字都基本在95%左右，而印度还不到80%，其中女性识字率只有70%。这也在很大程度上阻碍了印度发挥其人口的优势。

因此，印度数一数二的大城市孟买迄今依然保留着"千人洗衣场"这样在工业时代早应该被淘汰的产业——印度不是造不出洗衣机，而是因为人力实在是太便宜了，低到雇人手洗都比插电的洗衣机便宜。而这些洗衣服的工人愿意接受这么低的工资，也是因为他们实在找不到更好的工作。

印度经济发展的底层问题

为什么印度会没有工作岗位呢？一起来看看印度经济发展的三个底层问题。

经济结构不合理：发展受限

印度最缺少的，其实是高质量、高生产力的工作岗位。

我们一般会把经济产业简单分为三类：农业、工业和服务业。在英国殖民时期，印度的支柱产业是农业。

独立后，印度想要发展工业，但由于政府垄断了很多核心产业，再加上许可证制度，各企业之间没能形成良性竞争，工业发展缓慢。虽然印度的两大富豪阿达尼、安巴尼轮流"坐庄"亚洲首富，都是实业巨头，但他们的富有恰恰说明了印度工业的垄断问题严重。行业巨头和政府勾连不清，企业缺少公平竞争和发展的环境，这正是一种不发达的体现。

1991年经济改革后，印度成为全球"外包之王"，服务业迅速发展，贡献了全国56%的GDP——这看起来很不错，因为一般只有发达国家才能实现服务业占比如此之高。但实际上，这一现象对印度来说并不是一件好事，没发展好工业直接发展服务业，这就好比印度还没有将经济基础打稳，就在这个基础之上起了"高楼"，这座高楼的安全性就有待商榷了。在没有强有力的经济基础上发展起来的服务业，并没有带来更多的就业岗位，造成的后果反而是就业岗位严重不足。除了少量印度人可以在包括外包在内的服务业任职，大部分印度人还是靠农业为生。

为了解决制造业太弱的问题，印度政府在2014年推出了"印度制造"计划（Make in India），通过各种政府补贴和政策扶持力图把印度打造成新的世界工厂，带动本国制造业发展。

印度低廉的人力成本和潜力巨大的市场规模也确实吸引了大

量外国企业来印度建厂，比如汽车行业的通用汽车和起亚，投资均超过 10 亿美元。电子产品行业的公司就更多了，苹果的供应商和硕（Pegatron）、富士康，还有华为、高通、三星、vivo、小米等公司全都在印度投资生产。

但目前来看，这些投资效果平平。图 5-4 是印度制造业占 GDP 的比例，印度计划在 2025 年之前将这个比例提高到 20%，但从近几年的数据来看，其占比不升反降，从 17% 降到了 14%。

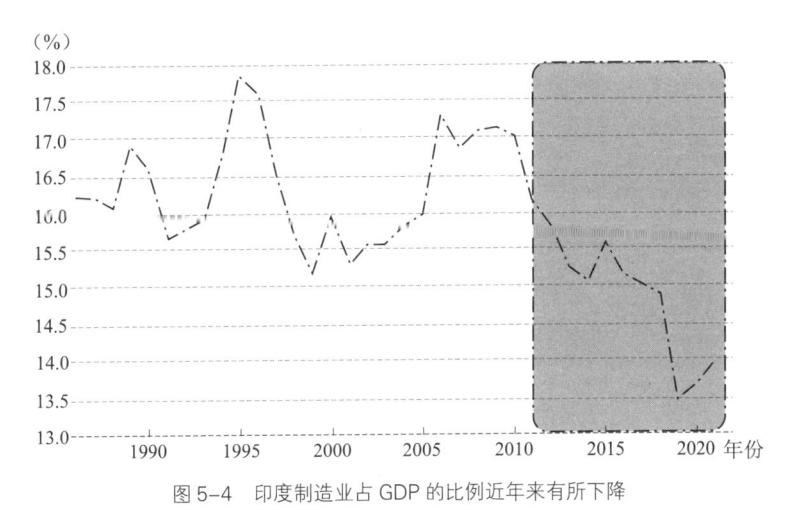

图 5-4 印度制造业占 GDP 的比例近年来有所下降

来源：世界银行

跨国投资似乎并没有按预期带动印度的工业发展，比如虽然一些组装厂设在印度，但各种零部件还是要进口。于是，印度加大了对跨国公司的监管力度，增加对本国产业的保护。比如通过增加进口零部件的关税来鼓励这些公司购买印度本地产品；要求跨国公司用所得利润在印度做更多投资，而不是单方面地"利用"印度的劳动力和资源。甚至，为了更好地"学习"技术和加强对这些公司的控制，印度还会要求把公司高层换成印度人。2023 年印度提出，像小米这样的中国智能手机制造商，其在印度分公司的首席执行官、首席财务官、首席运营官等要职都必须由印度籍人士担任。

虽然很多时候印度被批评欠缺规则意识，但在面对跨国企业的时候却一点也不含糊，法律监管异常严格，像微软、谷歌、IBM、宝马，还有手机行业的诸多大企业，或因税收问题、或因被控垄断，又或者是因为违反了印度的进口法、投资法等被处罚过。

重重压力让跨国公司开始对印度望而却步。按印度商业和工业部长戈亚尔的说法，从 2014 年至 2021 年，共有 2 783 家跨国公司关闭了在印度的子公司或办事处。

腐败的严重后果：资本望而却步

印度许可证制度带来的后遗症不光是工业基础薄弱，还有一个影响更深层、也更不好解决的问题——腐败。

这可不光是政府腐败，而是整个经济的运行模式都出了问题。

在印度，不管是小孩上学、看病，还是个人创业，或者做点小生意谋生，都需要上下打点一番。连考个驾照，都要么需要打点，要么干脆用钱解决。据统计，在拿到驾照的印度人中，大约 60% 是没有参加过考试的。根据国际透明组织 2020 年的报告，在过去一年和政府打过交道的印度人中，39%都有过行贿行为，这一比例在全亚洲也是最高的。

久而久之，大家都习惯了藐视规则、制度，甚至法律。本该被限制的时候可以装装样子用钱糊弄过去，本该畅通的地方也会有一堆看不见的条条框框等着用钱解决。

这在一定程度上也会导致外资因为搞不清印度的水有多深而不敢盲目投资。图 5-5 是 1991 年后印度和越南的外资流入速度，差距可见一斑。

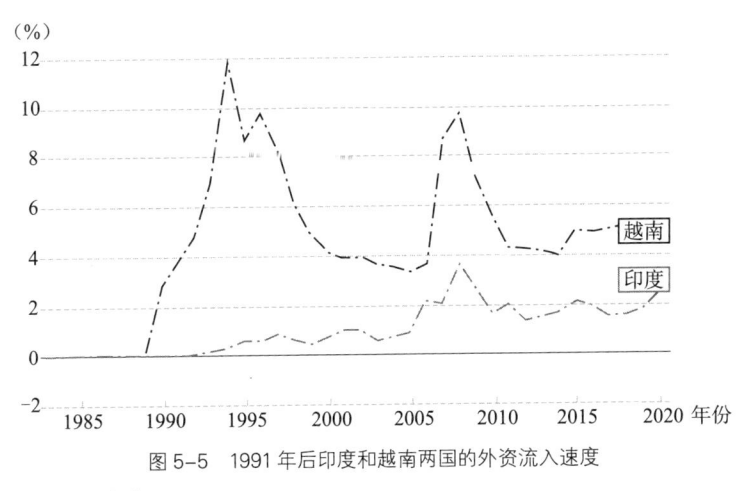

图 5-5　1991 年后印度和越南两国的外资流入速度

来源：世界银行

在这样一个"事在人为"、用钱开道、缺少法律约束的社会，合法合规地开公司的成本太高，所以印度的就业人口中只有 10% 是在正规的公司工作，而剩下 90% 的人工作的地方压根儿就没注册成为正规公司、不正规缴税，也不跟员工签订正规的雇用合同。

当然，这些员工也都无法被劳动法保护。不注册对企业也有坏处，比如在遇到纠纷时，无法获得法律的保护，想要扩张、发展时无法获得银行贷款。

这些问题催生了印度庞大的地下经济。

2016年，为了打击地下黑钱和整治偷税漏税，印度政府憋了一个大招。11月8日，印度政府突然宣布全国所有的500卢比和1 000卢比面值的纸币将会在几个小时之后作废，取而代之的是政府新印的500卢比和2 000卢比面值的纸币。要知道，500卢比和1 000卢比面值的纸币是在印度各项交易中使用量最大的，大概占市场货币总交易量的86%！

全国人民有一个月的时间去银行将旧纸币兑换成新面值的纸币，如果有谁莫名其妙换了大量钞票，那他就会被政府查问资金的来源。

当时，印度90%以上的交易都是靠纸币完成的，除非穷到连500卢比都没有，否则大部分家庭都有这两种纸币。于是大家只好放下手里的工作，跑去银行换钱，但银行却没能及时印出足够的新钞来满足这么多换钱的需求，这就导致全国人民排长队，整个印度的经济都被严重干扰。

最终，政府回收了99.3%的旧纸币，而黑钱却基本没被遏制，完全是瞎折腾了一通。不过这波操作倒是有个附带的好处：推进了印度电子支付的普及率。很多人担心政府再搞这么一波，开始使用手机扫码支付了。

种姓制度的弊端：降低效率

影响印度经济发展的第三个问题相对独立，是一个我们聊到印度就不得不提的社会问题——种姓制度。

在印度的传统文化中，人主要被分为四大类：婆罗门（Brahmins）、刹帝利（Kshatriyas）、吠舍（Vaishyas）和首陀罗（Shudras）。在这四类人之下的人，则被统称为贱民（Dalit）。每个种姓的人都有自己对应的职业，比如婆罗门主管祭祀，刹帝利是战士和统治者，而贱民就只能去做疏通下水道、清理街道这类工作，而且不能接受任何教育。在印度，不同种姓之间不能通婚。

这套体制在印度已经有上千年的历史，当时英国殖民者更是直接把它写在了宪法里，毕竟这样方便殖民者管理：分好等级以后，只要管好最上层的婆罗门即可。

虽说印度独立之后表面上已经废除了这套种姓制度，但是它早就深入印度人的文化习俗当中，不同种姓的人依然很难成为朋友，高收入的工作都会有隐形的筛选，更不用说结婚了。直到现在，印度只有 5% 的婚姻是跨种姓的。由此我们可以想象，种姓制度在印度的影响有多大。

那么从经济学的角度来看，这种制度会带来什么问题呢？它把整个人才市场人为分割成了若干个，互相之间不流通，降低了市场效率。印度的教育、工作、组织、婚姻等都被一把隐形的刀切成了四部分，对效率的杀伤力巨大。

印度政府为了消除这种根深蒂固的文化也做了一些努力，比如在学校招生和企业雇用员工时划定指标，必须招一定数量低种姓的人，但现在不同种姓之间财富和教育水平的差距还是很大。[1]

> **知识点延伸**
>
> ### 印度种姓制度对经济的影响
>
> 我们不妨暂停思考一下，印度的种姓制度直接把人分成几个等级，为什么会影响生产效率和经济发展。
>
> 我们假设这样一种情况：水果街有2家店卖苹果，第一家店卖2元一斤，旁边的第二家卖3元一斤。而这两家店的苹果无论外观、大小还是口感都几乎没有任何差别，那你一定会不假思索地选择第一家店。一样的东西，前者更便宜嘛，合情合理！第二家如果不降价，就卖不出去，这会促使第二家店调整价格。这就是我们常说的市场中有一双"看不见的手"调控价格、资源、人才等等，提高经济运转的效率。
>
> 而种姓制度的存在，我们想象得极端一点，就相当于将一个大市场直接切成几个小市场，每个小市场之间是割裂的，它们之间的资源、人才、资金等等都没法无障碍地

---

[1] 也有研究认为，种姓制度对印度经济的影响十分有限，并非制约印度发展的本质原因。

流通，只能在一个种姓内部流通。举个例子，婆罗门市场苹果2元一斤，刹帝利市场苹果3元一斤。刹帝利中有人只愿意出2元一斤买苹果，如果在一个大市场里，他可以去婆罗门市场买，同时卖苹果的人可以获得收入。但在割裂的刹帝利市场，他既买不到婆罗门市场的苹果，也买不起刹帝利市场的苹果，经济利益无法实现。我们可以看到，简单将市场切成几个部分阻碍资源自由流动，对经济有着明显的负面影响。

针对劳动力市场，因为高薪工作除了对技能、行业、地域的要求，还多了一个种姓的门槛，因此我们没法把劳动力市场简单地看成一个大市场，而是基于种姓制度又多了一层分化，劳动力无法流通。这就意味着，即使高种姓对应的岗位有空缺，也不影响低种姓的人继续失业。教育资源、婚姻等门槛的存在，也使得种姓制度对劳动力市场的影响根深蒂固，"贱民"始终无法跨越种姓的鸿沟，到高薪、高技能的劳动力市场，只能一直充当廉价劳动力，干着底层的粗活艰难维生，而他们占据了印度人口的大多数。

因此，虽然是泱泱人口大国，印度却没有享受到人口红利。当大部分人口都从事低效率、低生产力的工作，无法打破这个困境时，种姓制度也成了印度贫富差距巨大、生产效率低下、经济发展受限的重要原因之一。

经济发展不均衡带来的问题：巨大的贫富差距

印度虽然人口众多，但因为产业结构等问题无法为快速增长的人口匹配足够的工作岗位；而政府又难以为民众提供足够的基础保障，最终导致穷人很难靠努力改变命运，而富人却靠着早期积累的资源随着经济高速发展变得越来越富有，贫富差距逐渐拉大。

如果仅凭直观感受，一边是拥有亚洲首富，一边是亚洲倒数的人均 GDP；一边是世界最大、最宽敞的私宅，一边是百万人聚居的贫民窟。印度不仅贫富差距大，而且应该是世界上贫富差距最严重的几个国家之一了吧？

但根据《2022 世界不平等报告》中的数据（表 5-1），印度的贫富差距在全球来看似乎又不能算"最"严重的。比如，印度最有钱的前 10% 的人拥有全国将近 65% 的财富，而底层 50% 的人只拥有全国 5.9% 的财富，这差距虽然大，但比起美国还差着一截，比起智利、墨西哥、南非更是差远了……

表 5-1　部分国家贫富差距对照

最穷的 50% 的人群的财富水平	国家	最富的 10% 的人群的财富水平
5.9%	印度	64.6%
1.5%	美国	70.7%
-0.6%	智利	80.4%
-0.2%	墨西哥	78.7%
-2.4%	南非	85.7%

来源：2022 世界不平等报告

可实际上同时在印度和美国生活过的人，确实会感觉印度的贫富差距要比美国等发达国家大得多。这是统计数据的问题吗？

真正的原因其实是印度底层的人实在"太穷了"。根据联合国《世界人口展望2022》报告：印度处在贫困线以下的人口有7.8亿，超过了印度总人口的一半；而处于极端贫困的人口则有2.28亿，占总人口数的16%。

所以，印度最有钱的那部分人和最穷的人财富分配比例可能和美国差不多，但对比真正的生活水平，印度的贫富差距无疑是巨大的。在21世纪的今天，印度底层人民依然面临温饱问题。

印度政府也在尝试解决这个问题，其极端贫困人口比例在2004年时曾高达40%，在2019年时降到了10%。但疫情三年，越底层的人民生计受影响越大，如今极端贫困人口比例反弹到了16%，印度近年来的极端贫困人口数量如图5-6所示。

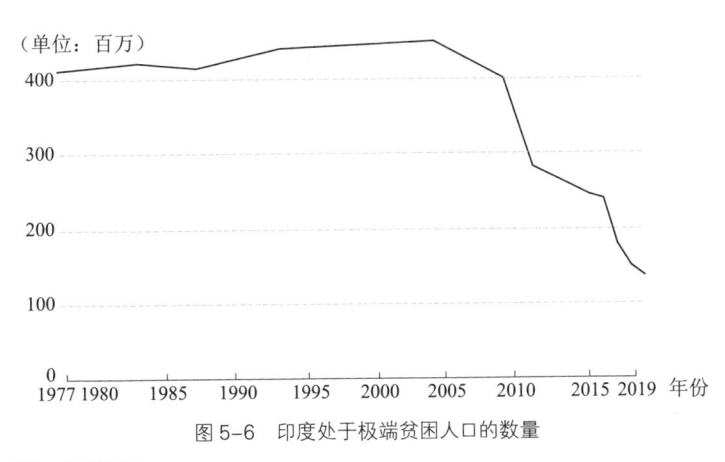

图5-6 印度处于极端贫困人口的数量

来源：世界银行

面对如此大的贫富差距,如何用经济发展来解决这一问题,也是摆在印度政府面前的一道难题。

结语

印度在1991年经济改革之后迅速发展成为世界第五大经济体,同时,由于早期的许可证制度,其工业发展落后、腐败严重,再加上种姓制度的影响,印度无法创造出足够的工作岗位来满足不断增长的人口,最终形成了印度的现状:整体经济高速发展,但底层人民仍生活在水深火热之中。

"家家有本难念的经",印度要想实现经济崛起,看来还有很长的路要走。

第六章 希腊债务危机

导　语

　　以前提到希腊，总让人联想到"阳光""爱琴海""浪漫的旅游胜地"……但这几年，希腊这个国家却频频和"债务"二字一起出现。这样一个美丽的、曾经缔造过经济奇迹的国家，怎样走上了欠钱不还的不归路？又是如何在高盛的帮助下搞小动作欺骗世人的？对后来的欧债危机又产生了什么样的影响？

　　本章中，我们将沿着债务这条线为大家介绍欧洲各国中最能"闹事"，也最为"头铁"的小弟——希腊。

希腊经济的"奇迹"

要回顾希腊债务危机，需要先了解希腊曾经缔造的经济奇迹。

1941—1949 年是希腊接连经历二战和内战摧残的黑暗年代，接近 10 年的战争让这个美丽的国家变得千疮百孔。不过从 1950 年开始，希腊很快振作了起来，开启了长达 20 余年的"希腊经济奇迹"（Greek Economic Miracle）。当一个国家走上了正确的发展道路，可谓一顺百顺。希腊的工业、服务业、进出口发展全面开花，仿佛闭着眼睛买彩票都能中一百万元。一个小小的国家，船舶业却做到了世界第一，直到现在，希腊依然是拥有全球最多商用货船的国家，全世界 1/5 的船舶吨位都是希腊船商持有的。

在 1960—1974 年的 10 多年里，希腊保持了平均 7.7% 的 GDP 增速（图 6-1），排名全球第二，在当时仅次于日本。

凭借着极高的经济增速，希腊也成功跃居到发达国家之列。

但好景不长，在接下来的 20 年里，随着经济增速减缓，希腊的问题便一一暴露出来。

首先，富豪们偷税漏税。尽管航运世界第一，但大公司通

图 6-1　希腊的 GDP 增速

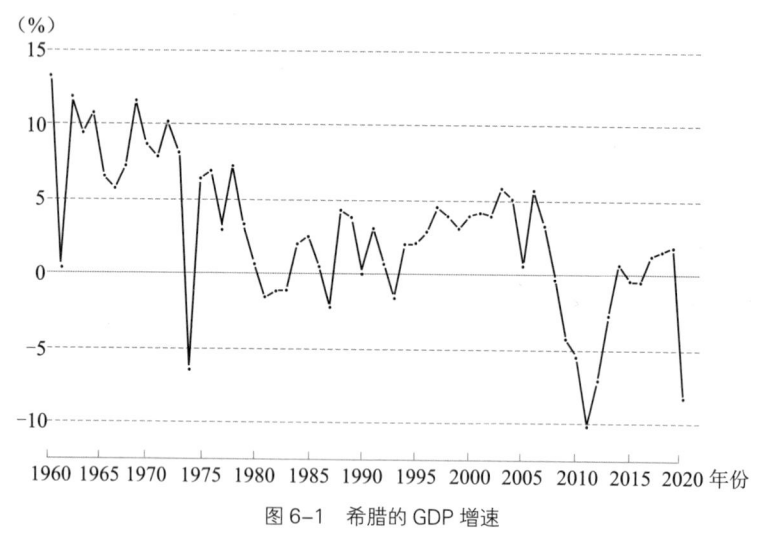

来源：世界银行

过将总部转移到海外等手段，实际上缴纳给希腊政府的税款少之又少。

其次，希腊政府内部也存在严重的腐败问题。

经济发展停滞叠加高速通货膨胀，也就是我们之前提到过的"滞胀"。希腊的经济情况变得糟糕起来。

从 1974 年到 1994 年，希腊的通胀率一度高达 20%（图 6-2），虽然名义 GDP 的增速也为 20%，但因为货币贬值，实际 GDP 增速基本为 0。

(%)

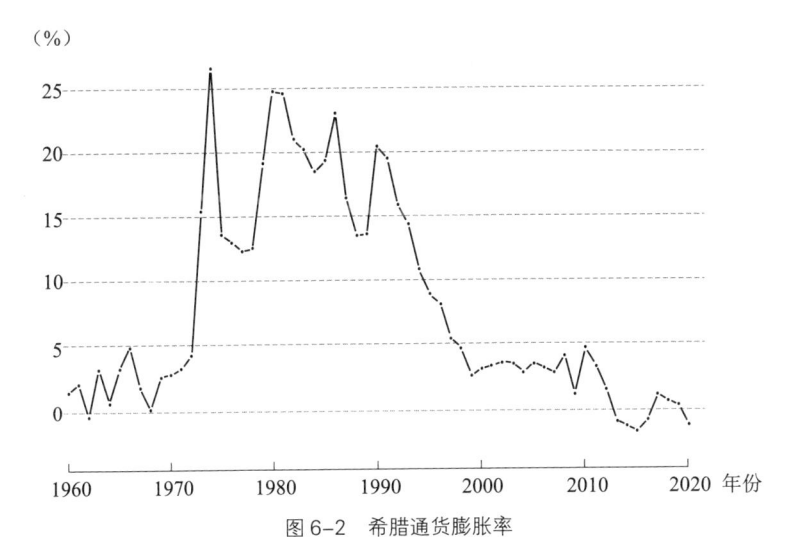

图 6-2 希腊通货膨胀率

来源：世界银行

知识点延伸

名义 GDP（nominal GDP）和实际 GDP（real GDP）

gross domestic product，即 GDP，国内生产总值。顾名思义，国内生产总值是在一段时间内，一个国家或地区所生产的所有商品和服务的总价值，是衡量一个国家宏观经济发展的重要指标。新闻中经常提到"保增长、稳增长"的说法，这里的"增长"指的就是 GDP 的增长。

GDP 分为名义 GDP 和实际 GDP，名义 GDP 是以当年的市场价格计算的所有商品和服务的总价值。而实际GDP是基于一个基准年的价格，剔除了物价水平波动的影响后得出的国内生产总值。

假设一个国家（A国）只生产苹果。第一年一共生产了100个苹果，市场单价为10元。那么A国第一年的名义GDP是1 000元。第二年，A国还是只生产了100个苹果，但苹果在市场上卖得贵了，单价为15元，那第二年A国的名义GDP是1 500元。第三年，A国大丰收，生产了150个苹果。苹果的市价与第一年相同，A国第三年的名义GDP还是1 500元。这些都是基于当年的苹果价格计算的，所以都是名义GDP。

但这也有一个问题。明明第二年A国的苹果产量没有增长，但苹果单价高了，A国的名义GDP也水涨船高。反观第三年，是A国苹果产量最高的一年，但是苹果降价，GDP依旧与第二年持平。这样看来，纵向比较名义GDP来判断生产力变化是没有意义的，因为名义GDP会受到物价水平波动的影响。

因此经济学家引入了实际GDP的概念。实际GDP是基于基准年（base year）的价格计算的所有商品和服务的总价值，相当于剔除了物价波动的影响。如果把第一年当成基准年，A国这三年的实际GDP分别是：1 000元、1 000

元和 1 500 元，这样就反映了实际生产力的变化。类似的概念还有名义工资（nominal wages）和实际工资（real wages）、名义利率和实际利率等。

新闻报道中出现的 GDP，一般都是指名义 GDP，而实际 GDP 可以用来衡量一个国家经济的实际增长状况。

救命稻草——欧盟

很快，一个神奇组织的出现让希腊看到了希望。

1993 年，欧盟成立。1999 年 1 月 1 日，欧盟推出了成员国统一使用的货币——欧元。

眼看着欧元体系越来越成熟，希腊亟须抓住这根救命稻草，加入欧元区。

对于希腊来说，加入欧元区有很多好处。一是可以参与更大的市场，商品、服务和资本都可以更快流通，效率更高；二是相较于使用自己国家的货币，使用欧元可以带来更稳定的物价，减缓国内的通胀。除了以上两点，加入欧元区还有一个非常重要的隐性好处，至少在 2008 年之前这个好处是真实存在的，那就是市场对所有欧元区的国家都没来由地充满信心。从经济的稳定性来讲，德国、法国这些欧洲的核心国家信用更高，国债利率应该更低；而像意大利、西班牙、葡萄牙、希腊等欧洲外围国家，经济不那么发达，信用更低，理论上这些国家的国债利率应该更高。但当时的市场认为欧元区里的所有国家都是一个整体，即使某个国家出现问题，其他国家也不会见死不救——欧元区所有国家的信用被视为相同的，各国的国债利率也非常接近。

所以对于希腊来说，如果加入欧元区，就可以以 4% 左右的低利率借债。这就好比本来根据某个人以往的信用水平和收入情况，只能以 5% 的利率贷款 100 万元；但是因为最近加入了一个圈子，而比尔·盖茨也在这个圈子里，银行就觉得此人缺钱了比尔·盖茨会帮他还钱，于是以借给比尔·盖茨的利率和额度把钱贷给这个人，因此他就能以 1% 的利率贷款 1 亿元了！

当时，希腊本国的信用正在快速恶化，其货币德拉克马也在高速通胀中不断贬值，如果能加入欧元区，将一解燃眉之急！

但问题是，欧元区的加入门槛不低，需要满足很多要求。比如，政府的债务必须低于 GDP 的 60%，政府的赤字必须低于 GDP 的 3%，以免某个花钱大手大脚的政府在信用破产时波及整个欧元区的稳定。

当时，希腊政府的债务大约是 GDP 的 100%，远远达不到欧元区的要求。对于一个债台高筑的国家来说，要想真正降低债务，往往需要经历漫长的改革，但当时留给希腊政府的时间已经不多了。还有没有立竿见影的办法让希腊满足欧元区的要求呢？希腊政府想到了金融界一家给钱就能办事儿的公司——高盛集团。

财务造假，混入欧元区

高盛集团是一家非常神奇的公司，这家公司在很多金融界的世纪骗局中都当过"帮凶"，而且出事了比谁跑得都快，堪称各大危机的最佳配角。

这次，高盛集团帮希腊政府想的办法概括起来只有两个字：藏债。

高盛集团借助一系列货币掉期交易（cross currency swap）的金融衍生品帮助希腊政府藏债，衍生品可以被列为表外业务，虽然之后还是要还，但希腊政府的债务暂时就在资产负债表上消失了。这类操作在金融界屡见不鲜，摩根大通就曾用类似的手法帮助过意大利政府。

最终，希腊政府隐藏了 28 亿欧元的债务，而高盛也从这一单中狂赚 6 亿美元。当然了，这 6 亿美元也是不能在资产负债表上体现的，本着"造假就要造全套"的原则，高盛还特意找了一群专家把自己的各种开销从资产负债表中隐藏了。修修剪剪，希腊总算是达到了欧盟的"入会指标"，在 2001 年混进了欧元区。

初入欧元区，经济被盘活

希腊混进了欧元区这样一个"高端名媛圈"，果然获得了大把资源。活跃又有钱的欧洲其他国家为希腊带来了大量的贸易机会，盘活了希腊的经济。

更关键的是，正如上面的分析，希腊政府终于能够像德国、法国一样，可用最低约3%的利率发行国债，向公众和投资人借债。要知道，希腊在进入欧元区之前的借债利率可是高达18%！

图6-3是希腊、意大利、德国和法国的10年期国债利率曲线，四条曲线在2008年之前基本重合。

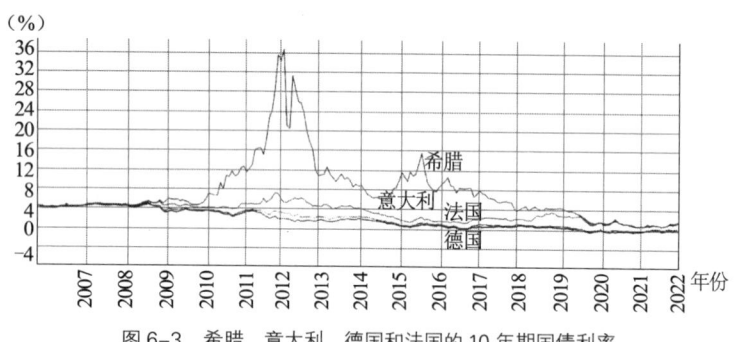

图6-3 希腊、意大利、德国和法国的10年期国债利率

来源：Bloomberg

其实，当时欧元区的大部分国家还是很守规矩的，毕竟刚刚"成团"，大家并不想毫无节制地借债，破坏组织的规矩。不过，希腊是个"刺头儿"，只有它没那么在乎规矩，一看借钱的成本低得几乎相当于零，那当然是能借多少就借多少。于是，希腊开足了马力开始发行国债，债务跟GDP的比率也攀升到超过110%！比其加入欧元区之前还要高。

图6-4是欧元区部分国家的借债比率，希腊和意大利两国远高于其他国家，常年超过100%。

那么，希腊政府借这么多钱，究竟是为了什么？难道都揣进

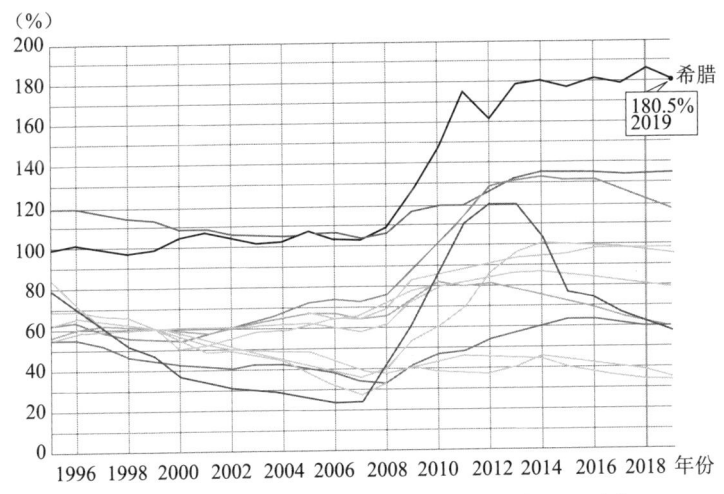

图 6-4 部分欧元区国家在 2008 年之前的债务与 GDP 比率

注：其余曲线代表的国家和地区从上到下依次为意大利、葡萄牙、法国、西班牙、欧盟、匈牙利、德国、芬兰、爱尔兰、瑞典、丹麦。
来源：世界银行

了官员自己的腰包？当时的希腊政府确实贪腐现象严重，但这不是大量借债最主要的目的。借债，其实是为了"花钱"，因为合理的财政支出可以为国家带来两个良性循环（图 6-5）。

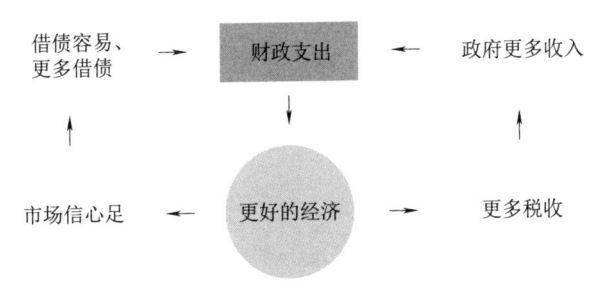

图 6-5 合理财政支出产生的良性循环

第六章 希腊：希腊债务危机

一方面：政府财政支出→短期内刺激经济→产生更多的工作机会→造就更高的税收→政府获得更多收入→扩大财政支出……

另一方面：政府财政支出→短期内刺激经济→更强的市场信心→更容易借钱，借更多的钱→扩大财政支出……

正是为了进入这样的良性循环，希腊宁可跨越借债的红线也不敢降低政府的财政支出。

虽然希腊不遵守规矩，债务超标，但当时处于组团打怪甜蜜期的欧元区倒是和和气气的——大家的经济发展都蒸蒸日上，有那么一两个"特困户"借钱太多也不算什么大问题。希腊政府更是对本国的经济特别乐观，非要承办2004年雅典奥运会，结果不但劳民伤财，而且又亏了不少钱。但当时全球经济一片大好，市场信心强，于是希腊持续借新债还旧债，只要大家的信任还在，那债务与GDP的比率再高也不是问题，这也是为什么金融界流行这样一句话：金融的底层资产就是信用。

在次贷危机中"裸泳"

但按经济周期的规律，经济不可能一直好下去。2008年次贷危机爆发，全球资产都进入避险模式，希腊就这样赶上了百年一遇的全球经济危机。

这个时候，全球信用极度收紧，"地主家也没有余粮了"，债权人开始大量抛售欧洲外围国家的国债和房地产；外围国家的国债利率也开始飙升，信用收紧，各国都借不到钱。同时，实体经济的疲软让希腊严重依赖的海运和旅游业也遭受了严重打击，经济萎靡，政府收税更难。不仅如此，希腊之前用于借债的抵押物有很大一部分正是从美国买来的次级债券，危机一来，这些债券的价格大跌，希腊必须想办法增加抵押物。

种种因素叠加起来，希腊的国库很快就被掏空了。这正应了巴菲特的那句话：当潮水退去的时候，你才会知道谁一直在裸泳。

前文提到，欧元区有一条红线是政府的赤字率要低于3%，即政府一年的净支出应该低于GDP的3%。按希腊自己的说法，2009年时政府赤字率达到了6.7%，比红线高出了1倍多！但实际情况却是，相关部门在审计调查后发现，希腊政府的赤字率其实已经高达15.4%！

就这样，希腊政府之前在高盛的帮助下藏债的事情也都被接二连三地翻了出来。一个国家，经济发展不好也就罢了，竟然还敢做这种骗人的勾当，就好比一个人能力不行也就算了，人品也不行！终于，市场也给出了相应的惩罚，之前和德国、法国国债平起平坐的希腊国债，从A级债券一路被降成了垃圾债券，而这种降级就是在明确地告诉投资人，这个国家的信用非常差，不要再借给它钱了！

其实，历史上有很多国家也遭遇过经济萎靡、信用恶化的情况。而那些有自己货币的国家，比如美国、日本，可以选择通过超发货币来刺激内需、让货币贬值刺激出口等方式来缓解危机，即使这样做存在通胀风险，也可以暂解燃眉之急。但此刻的希腊却用不了这个方法，"所有命运赠送的礼物，早已在暗中标好了价格"，之前在欧元区占尽了好处，现在就必须承担无法自己决定货币发行量的代价。

钱也印不了，债也借不着，希腊如热锅上的蚂蚁，只能干着急。

"欧洲三马"的救助

不过，此时着急的可不光是希腊，欧元区其他成员国也慌了！它们意识到一旦希腊破产，在次贷危机的大背景下，市场会倾向于相信欧元区有更多成员国都撑不下去了，加剧抛售其他国家的国债。意大利、西班牙、葡萄牙等国家的债务情况也不乐观，体量还比希腊大得多，如果此体系崩溃，后果将不堪设想。

此时，各国都以德国马首是瞻，都在观望欧元区的主心骨想怎么做。全球信用收紧会导致资本大量回流到相对安全的德国，所以德国此时是充满信心与底气的。

如果不救，希腊大概率要违约，违约了怎么办？还能让其留在欧元区吗？

如果让希腊留在欧元区，那么整个资本市场就不会再相信欧元区了，此时大家会怀疑：希腊是欧元区一员，这个成员国违约，欧元区还容忍其位列其中，那其他国家如果有一天违约，是不是也会在欧元区安然度日？如此一来，欧元区的信用将大打折扣。如果把希腊踢出欧元区，资本市场就会认为欧元区各成员国一点都不团结，谁出问题就会被踢出去，那其他国家是不是也会有被踢出的一天？这样一来，欧元区可能就要解体了，欧元也会名存实亡……

如此一来，希腊违约会让欧元区各国骑虎难下，局面也会非常尴尬。

希腊大量债务的债主其实就是德国和法国，一旦希腊违约赖账，德国肯定会吃哑巴亏，并且会产生连锁反应波及整个欧元区。

所以，对德国而言，只有一个选择——救希腊，不能让其违约。德国政府也很无奈，就算希腊不遵守欧元区的规则，也从来不顾忌之前签好的协议，也只能选择救它。

于是，以德国为首的欧盟委员会、欧洲央行和国际货币基金组织共同商议后，决定救助希腊。它们也被称为"欧洲三驾马车"（European Troika），下文简称"欧洲三马"。

怎么救呢？前文提到过希腊无法控制欧元的货币量来刺激经济，其实欧元区也不能为了一个小小的希腊就放水印钱，拉着其他成员国陪跑。那就只有一个办法——凑钱。最终，"欧洲三马"达成一致，2010年5月，欧盟和国际货币基金组织通过方案：提供给希腊1 100亿欧元的救助贷款。

但希腊政府要获得这笔贷款得满足一个条件——不能再像以前一样大手大脚地花钱，必须在降低支出的同时提高税收，积极还清眼前要到期的债务，稳定市场情绪。

这些措施看起来好像十分合理，但其实和经济学的底层逻辑是相矛盾的。国家经济管理的常规操作应该是在经济好的时候收紧，防止过热，也存点积蓄；在经济不好的时候刺激，量化宽松，使经济尽快回到正轨。但"欧洲三马"却要求希腊政府在经济环境如此糟糕的情况下采取紧缩的财政政策。

"欧洲三马"当然不是不了解经济原理，只是立场不同。欧盟和欧洲央行的背后其实是以德、法为首的欧洲其他国家。当初大家抱团取暖成立欧盟，主要是为了让本国经济能够更好一点；而现在自身难保，就更不会有人想当慈善家，决定救助希腊也只是怕引火烧身而已。

大家已经自顾不暇了，能凑出钱就很不容易了，不可能再考虑希腊经济的长期发展与复苏。

面对这样的条件，希腊在自身巨大的债务压力下，也只能接受。拿到这 1 100 亿欧元救助贷款的希腊开始节衣缩食，一边增加税收一边减少支出，拼命还债。2010 年，希腊的财政赤字也确实降了一些，从 15.4% 降到了 11.3%。

但问题也随之而来。如此紧缩的财政政策会给希腊的经济带来毁灭性的打击。2010 年时，希腊的 GDP 增长率是 −10%。到 2013 年，经济增速一直是负数，整个国家的 GDP 在几年之内萎缩了 25%（图 6-6）！

想象一下，一个国家的人口数量不变，GDP 却跌去了 1/4，除了个别刚性行业，大部分产业都会陷入衰退状态。

此时，希腊的失业率也随之飙升。2013 年，希腊失业率约为 25%，其中 35 岁以下年轻人的失业率更是超过 50%。"毕业即失业"在希腊成为赤裸裸的现实。

希腊的经济衰退不只是这些纸面上的数据，更是每个人都能切身感受到的巨大冲击。

（单位：十亿美元）

图 6-6　希腊 GDP

来源：世界银行

2012 年，希腊的债务情况没有好转的迹象，债务与 GDP 的比率超过 170%，"欧洲三马"只好又向希腊提供了第二轮救助，这也是史上最高的一笔财务救助——1 300 亿欧元！

获得了两轮总计 2 000 多亿欧元的救助，希腊政府又经历了痛苦的裁员、降薪，给民众一次又一次加税，终于将财政赤字降到了 0，实现了收支平衡。市场也开始相信，希腊很快就能成功挺过这次危机。

希腊民众的反抗

然而，事情并未如预期一样发展。此时，希腊民众忍不了了。

过去这几年，希腊民众的经济生活非常惨淡，很多人都把气撒在了政府身上，开始出来反抗。希腊政府自己欠了巨债，答应了"欧洲三马"的各种条件，却要普通民众来承担这些后果。大家节衣缩食这么多年，上缴巨额的税款却享受不到任何福利，年轻人又都找不到工作……最终民众忍无可忍："我们不要再被它们牵着鼻子走了！我们要自己当家做主！"

经济萎靡带来了政治动荡，游行甚至暴乱开始在希腊出现。2015年，新政党和新总理上台执政。新上任的总理齐普拉斯在执政时面临两难的境地：一方面是巨大的财务压力，之前从欧盟和国际货币基金组织那里获得的救助贷款即将到期，又要还不上了；另一方面则要面临巨大的舆论压力，民众要求政府不能再接受国际货币基金组织的贷款条件。齐普拉斯的解决办法是：在2015年6月进行全民公投，由民众自行决定是否接受国际货币基金组织的贷款以及相应的条件。

这一方法在欧洲国家屡见不鲜，领导人将决策权让给民众，其实也就是把一口大锅甩给了民众，而公投结果不论对国家和民众的生活有没有好处，都与政府无关，反正都是他们自己选的。

在反对情绪高涨的环境里，果不其然，多数人选择了"不接受"。齐普拉斯也就顺势对着"欧洲三马"强硬起来：希腊不需要你们的施舍，我们自己的问题自己解决！并对国际货币基金组织16亿欧元的债务进行违约处理，这是有史以来第一次出现发达国家的债务违约！

"一时硬气一时爽，之后穷得叮当响。"接下来，希腊政府和银行关门歇业了一个星期。即使开业后，银行的现金储备也依然稀缺，每人每天最多只能取60欧元。股票交易所也停业关门。

最终，希腊政府刚投完票不到一个月就认怂了，再次向欧盟提出援助需求。就这样，希腊在2016年得到了新一轮为期3年600多亿欧元的贷款救助，而这回贷款条件比之前两次更为苛刻。

此后，希腊政府和民众全都老实了，开始拿着救助老老实实地活，努力还钱。希腊的经济总算开始缓慢恢复，GDP一点一点地实现了增长。最终，希腊在2018年宣布退出历时8年的救助计划——未来不再需要新增救助贷款了，但依然要接受债权方的严格监督。

希腊的现状：任重而道远

从2008年到2018年，次贷危机之后的10年对希腊来说堪称"至暗十年"。希腊接受了总计大约3 000亿欧元的三轮救助贷款，经历税制改革、政治动荡与选举、全民公投、违约、耍赖，最终在GDP跌去1/4后避免了大规模违约。

不过，希腊经济离走上正轨还差了很远。

2020年的疫情让希腊这个旅游业大国雪上加霜，GDP总量与20年前差不多，失业率高达16%。

2021年，希腊的政府借债和GDP的比率依然高达177%，排在全球第二！那排名第一的国家是哪个呢？答案是日本。①

2022年4月，希腊提前两年还清了国际货币基金组织提供的

---

① 日本债务比例如此之高的原因见第二章。

贷款，从"欧洲三马"的压力下喘了一口气。同年8月，希腊退出欧盟强化监管机制，虽然跟欧盟借的钱还没还完，但其财政支出可以不再受到严格限制了。

而希腊经济要想完全恢复，有经济学家预计，要到2060年。

结语

宏观经济看起来离我们很远，但在每一个经历着经济大起大落的国家背后，永远有许许多多的普通民众在为此负重前行。

希腊走到今天，一方面有其自身腐败严重和税收制度不合理等问题，政府长期处于被动，开支却很大，明知自己是靠造假挤进欧元区，在财政支出上仍不知收敛；另一方面，"欧洲三马"过于苛刻的贷款条件也被很多人诟病。但每个国家、每个组织都有自己的立场，是非对错很难界定。

欧元区的体制也是一把双刃剑，区域内每个国家的经济状况相差甚远，却偏要采取统一的货币政策。比如，在希腊、意大利等国失业率高达25%，而德国的失业率却能控制在5%以下，欧洲央行在这个时候应该如何管理货币，收紧还是宽松呢？这无疑是个难题。

第七章 欧盟的诞生与危机

导　语

欧盟，曾经的世界第一大经济体，如今的世界第三大经济体。

20多年前，这些欧洲国家怎么就想到要一起印一种新的货币——欧元？

为什么在经历了短暂的繁荣后，这个联盟又变得支离破碎？

欧盟委员会、欧洲央行、世界货币基金组织到底分管什么业务？

数十个欧洲国家在几十年里形成了盘根错节、爱恨交织的关系，引发了一场绵延至今的欧债危机。

本章将为大家拆解欧盟的诞生与危机。

欧盟及欧元区的形成

欧盟是如何形成的

从约 1 500 年前,即公元 476 年,西罗马帝国灭亡之后,欧洲这么一块不是很大的地方就在不停地打仗。彼此距离太近,一旦某个国家变强就会想吞并附近的其他国家,就这样纷争不断,直到第二次世界大战爆发。

二战之后,欧洲的这些国家实在是打累了,而且眼看着美国和苏联两个超级大国就此崛起,这也促使欧洲各国代表坐在一起商量欧洲的未来与发展。

"兄弟们,咱们不能再这么打下去了,'鹬蚌相争,渔翁得利'。大家一起想个办法,今天不讨论出点东西来谁也别走啊!"

这帮聪明的"大脑"在经历了激烈的探讨以后想出了一个点子:既然大家不想再有战争了,那就"歃血为盟"!

这样可以把经济活动紧密地结合在一起,多多照顾彼此的生意。既然都是朋友了,结合得越紧密,就越不容易发生战争。

"欸?咱们要不合并成一个国家吧?!"

这还真不是笔者在开玩笑,1946 年,丘吉尔曾提议建立欧罗巴合众国（United States of Europe），虽然没能成功，但让欧洲各国联系更加紧密的想法获得了大家的认同。

于是，1957年，欧洲经济共同体（European Economic Community，简称EEC）成立，它也是欧盟的前身。比利时、法国、意大利、卢森堡、荷兰和当时的联邦德国在罗马签署了经济共同体和原子能共同体的条约，该条约后来被人们称作《罗马条约》。

在经济共同体里，实行零关税制度，商品、货币、劳动力、服务都可以自由流动，畅通无阻。随着二战之后欧洲各国的经济快速复苏，加上美苏两国的外部竞争压力，越来越多的欧洲国家加入了欧洲经济共同体：1973年，丹麦、爱尔兰和英国加入；1981年，希腊加入；1986年，西班牙和葡萄牙加入。1990年，柏林墙被推倒，铁幕倒塌，德国统一。欧洲这些国家终于可以尽情"拥抱"在一起了。

国家多了，原来的制度和条约也需要更新。1991年12月，各国首脑通过了《马斯特里赫特条约》（Maastricht Treaty，简称《马约》）。1993年11月，《马约》生效，欧盟（European Union）正式诞生。除经济合作外，欧盟各国还会加强包括外交在内的政治上的合作。对民众而言，最直观的体会可能是欧盟旅游签证带来的便利，若你现在持有欧盟签证，就可以畅通无阻地在成员国间旅行。

再举个例子。假设要在欧洲开一家奶茶店，这下可就方便了，可以从荷兰进牛奶，从意大利进纯净水，从卢森堡进机器，从西班牙雇员工，由德国制作，再卖到法国，各国之间的贸易往来完全没有任何障碍。

欧盟的建立一下子就把欧洲经济的活跃度带到了一个新的高度。

水到渠成的欧元区

仍以奶茶店为例。尝到了甜头之后，各国又发现了新的问题：虽然进货通道畅通无阻，可是奶茶店得用荷兰盾买牛奶、用意大利里拉买纯净水、用卢森堡法郎进机器、用西班牙比塞塔给员工发薪水、花德国马克租工厂，然后卖出去收到法国法郎，这多少还是有些麻烦。

欧盟的成员国在长期交易中对这种不便感触颇深，于是1999年1月1日，欧元诞生了！大家不光想"抱"在一起，还要"穿"一条裤子！

很多读者可能会觉得，大家统一用一种货币也不算什么新鲜事儿，就像好多国家都会使用美元作为跨国交易的货币。这二者还是有差别的，差别在于对美国之外使用美元的国家来说，并没有货币的发行权，也不能参与制定利率政策，印钱也好，紧缩也罢，一切都只能听从美联储的决定。而如果大家联合发行欧元，实际上意味着要组团建立一个欧洲央行（European Central Bank），未来要一起决定货币的发行量和利率，并且要一起保障将欧元区的通货膨胀率稳定在2%以下。

当然，要实现这个目标也并非易事。这么多组织和国家在一起商量货币政策，其实意味着过程中会有大量的博弈。比如围绕着欧洲央行的主席任命，德国和法国就曾产生过很多次争论，这两个欧盟中的"强国"都想把自己的人推选上去。

但抛开这些内部博弈，欧元区在大部分时间还是可以被看作一个整体。

知识点延伸

欧盟与欧元区到底有何区别

我们再来单独梳理一下欧盟和欧元区的差异。更严谨地说,它们处于经济一体化的不同阶段。

自从享受了全球化的红利,各国都在尝试打破对外贸易的壁垒,以确保本国商品能更顺畅地流入国际市场。

但各国之间的经济合作也分为不同的程度。我们可以用一个金字塔来描述这种合作,越往上代表经济一体化的程度越高(图7-1)。金字塔的底端是最松散的合作模式:特惠贸易协定(Preferential Trade Agreement),协定双方可以对特定商品施行免关税或关税优惠政策。再向上是自由贸易区(Free Trade Area),成员间相互彻底免除了商品关税或数量限制。关税同盟(Customs Union)则是在自由贸易区的基础上,成员对外实行统一的关税和数量限制政策。

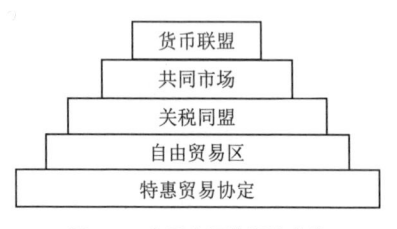

```
        货币联盟
       共同市场
      关税同盟
     自由贸易区
    特惠贸易协定
```

图7-1 各国之间的经济合作

168　　时势——周期波动下的国家、社会和个人

再进一步是共同市场（Common Market），成员间不仅贸易自由，生产要素如劳动力、资本也实现完全流通。若是共同市场的成员决定使用统一的货币，依靠共同的央行施行统一的货币政策，那货币联盟（Monetary Union）就实现了。再往上其实就接近一个国家的概念了，如历史上的民主德国和联邦德国，财政政策也是一致的。

欧盟的前身之一是1957年成立的欧洲经济共同体，实行零关税制度，大家可以在其中进行自由贸易往来，为共同的目标合作，大大减少了各国之间的纷争。二战后，越来越多的国家加入进来。

欧盟建立后，各国在进行贸易时使用的还是本国货币，每次都需要进行转换，还是不够方便。于是1999年，统一货币欧元（Euro）应运而生，由各国联合建立的欧洲央行发行。而欧元区就是欧盟中使用欧元作为货币的国家区域。欧洲央行会通过控制货币量和利率来保证欧元区的通胀率稳定在2%以内。

相较于欧盟，欧元区的准入门槛更高。因为保证物价稳定也是建立欧元区的目的之一，所以欧元区成员国的通货膨胀率、政府债务与支出等都需要被严格限定。只有非常安分守己的国家才能加入。

目前，欧元区共有20个成员国，而欧盟共有27个成

> 员国。欧盟的主要组织框架为：每个国家由本国政府制定财政政策和国家政策；欧盟委员会集体商讨经济政策；欧洲央行决定货币政策。
>
> 回归到经济一体化的金字塔，我们不难发现欧盟是共同市场，而欧元区已经是程度更高的货币联盟了。脱欧前的英国就只是欧盟成员，没有加入欧元区。

欧债危机始末

暗藏风险

在上一章，我们介绍过，加入欧元区对类似希腊这样的成员国来说有很多好处：市场更大，资本流通效率更高；国内物价更稳定；发债的时候可以与德、法这样的强国看齐，以比过去更低的利率借钱；等等。

下面我们再来整体看看，不同的政府以相同的利率借债会发生什么。

首先，像希腊这样经济发展还不够成熟的欧洲"外围"国家，往往有更快的发展速度、更多的投资机会；而像德、法这样经济发展更加成熟的国家，有更充裕的资本。这就意味着资本投入欧洲"外围"国家的收益更高，那钱就会从北方大量流入南方。比如德法的银行、资管公司、投行大量投资、借款给希腊、意大利和西班牙的企业，包括政府。核心国家成了资金流出国，成了债主，也就是债权人；外围国家成了资金流入国，成了债务人。

不过，欧元区身份对国债的影响只是一方面，单单是国家的过度借债也不会引发如此大规模的债务危机。因为国债利率低其实不只意味着政府借债更加容易。实际上，一个国家各类金融产品甚至房贷利率都与国债利率紧密相关。这对于外围国家来说简直就是"天上掉馅饼"。

同时，欧元区的建立也降低了交易的限制和成本。比如，德、法两国的国民看到西班牙的房子相较于巴黎价格便宜、周边环境优美，还可以直接用欧元购买，也会促使他们非常积极地跑到西班牙投资。资本就这样又进入了这些外围国家的房市。西班牙和爱尔兰的房地产泡沫也就悄然形成。

总之，不管是通过国债、其他金融产品还是房地产，越来越多的资本流入了外围国家，经济体的信用迅速扩张，或者说，是因为利率过低而过度扩张。

在资本充足、预期乐观时，各国可以通过借新债还旧债来粉饰太平。但2008年次贷危机爆发，事态立刻变得紧张起来。

那些外围国家的债券、房地产开始被大量抛售，国债利率也迅速上升，信用收紧，各国政府发现自己开始借不到钱了，再加上经济萎靡收不上税，欧元区各国陆陆续续开始出现债务问题。

除了希腊，西班牙和爱尔兰的房地产市场也都泡沫破裂，直接导致本国银行出现大量坏账。如果政府袖手旁观，那么银行破产会让危机范围变得更大；但政府想要采取相应的措施，又拿不出足够的钱来。

欧债危机全面爆发

在两难的境地中，欧元区的国家炸开了锅。

在希腊这一章中，我们了解了希腊经济的全况，虽然希腊财务造假在先，但以德国为首的欧盟最终还是无奈地选择救助希腊；而希腊为了获得贷款，又无奈地接受了财政紧缩的条件。

刚救助完希腊，欧盟大气儿还没喘匀呢，紧接着爱尔兰又出现了危机。2008年，爱尔兰的房地产泡沫破裂导致本国银行资金链断裂，银行全都濒临破产，政府不得不出手相助，虽然救了银行，但爱尔兰政府也欠了一屁股债。

2008年之前，爱尔兰的债务占GDP的比率都不到30%，这是一个多么老实安分的国家，离欧元区设定的60%的红线还有很大一段距离。可后来为了拯救自己的银行系统，爱尔兰的这一比率直接飙到将近120%，当然，这和爱尔兰的GDP下滑不无关系。

欧盟该怎么办？爱尔兰这边的情况和希腊一样，不能放任不管，也得出手相救。欧盟和国际货币基金组织又凑了850亿欧元给爱尔兰，同样，也让它节衣缩食确保还钱。

此时，资本市场开始揣测欧元区其他国家的情况，于是开始抛售葡萄牙国债。葡萄牙政府赶紧出来辟谣，说本国的经济发展状况良好，不需要救助。但紧接着不到半年，2011年4月，葡牙承认自己撑不住了，开始伸手向欧盟要钱。欧盟此时进退维谷，但没办法只能出手相助，2011年5月借给葡萄牙780亿欧元。7月，欧盟发现希腊又出现了资金缺口，于是只能硬着头皮接着借钱给希腊，经过讨论，初步决定再给希腊提供1 000多亿欧元的借款。

这次钱还没给到希腊手里，西班牙和意大利的国债价格也开始暴跌。意大利是欧元区仅次于德、法的第三大经济体，由于其体量巨大，全球金融市场开始发生连锁反应，美国的恐慌指数（VIX）大幅上升。这次无法只通过给意大利发放救助贷款来稳定市场情绪，如果意大利也宣布要靠救助才能还债，那整个欧元区恐怕也就没有什么信用可言了。欧洲央行终于开始启动印钞机，大量印钱买入西班牙和意大利的国债来稳定市场情绪。西班牙和意大利也赶紧宣布会采取缩紧财政政策，节衣缩食努力还钱。

2011年9月，希腊总理又公开表示欧盟救助的钱还没到，指责欧盟办事效率太低。此时希腊民众已经开始暴动，紧接着，意大利国债的标普评级从A+降到了A。

眼看事情越闹越大，形势急转直下，如果不能妥善解决很有可能会演变成全球经济大萧条，欧元区之外的英国和美国开始跳出来对此事表示关心。英国自己先采取了量化宽松政策，印发了750亿英镑注入实体经济。

2011年，跟G20开过会的"欧洲三马"决定在给希腊发放第二笔巨额救助时，除了要求其实行紧缩财政政策，还有一个条件是私人债权人也需要同意希腊债务重组。这意味着买过希腊国债的一些私有银行需要承担 50% 的损失，在认亏一半钱的同时还不能算希腊政府违约——谁让这些银行之前盲目地相信希腊，把自己的国债利率搞得跟德国一样低！

但现在看来，这实在不是什么高明之举，市场已经看清楚欧盟不再团结，一下子对整个欧元区失去了信心，欧元区内所有国家的债券价格集体下跌。

欧盟赶紧开始商讨对策，想通过新一轮刺激政策抵御债务危机，却因为英国和匈牙利的反对而以失败告终。最终，标普一口气下调了包括法国在内的 8 个欧洲国家的信用评级，市场开始抨击欧盟对债务危机的处理速度太慢。而欧盟也有自己的无奈，20 多个国家在危机面前很难达成统一意见。

2012 年 3 月，"欧洲三马"终于统一了意见，确定向希腊发放第二笔 1 300 亿欧元的救助贷款。然后，它们又向失业率超过 20% 的西班牙提供了 1 000 亿欧元的救助。再然后，它们又向塞浦路斯提供了 100 亿欧元的救助……

上帝视角看欧债危机

我们跳出欧盟本身，站在一个更高的角度来看为什么欧债危机会延续这么长时间，影响这么大？笔者总结主要有两大原因。

首先，欧盟救助的不及时，对是否救助以及怎样救助犹豫不决，错过了最佳救助时间。大家可以想一下，欧盟成员国有很多，协商一件事时，肯定无法坚决迅速地达成一致。当时，新闻每天都报道布鲁塞尔开会了，布鲁塞尔又开会了，布鲁塞尔正是欧盟的总部所在地。就是因为成员国各怀心事，欧盟的会议也无法达成一致，致使救助措施滞后，而且每次借款都在不停地谈条件，极限拉扯，才导致市场对欧盟国家丧失了信心，信用进一步收紧。

其次，贷款条件苛刻。欧盟中的救助国和被救助国毕竟是一个个独立的国家。如果债务危机发生在美国，如果联邦政府给中部某个州拨款，纽约、加州的人也不会有什么意见。可是欧元区呢？德国想要救助希腊或者意大利，就需要这两个国家保证还得起这些借债，也会要求被救助国勒紧裤腰带过日子，采取紧缩财政政策。这个逻辑在希腊这一章我们做了详细的分析，这里就不再展开了，这些国家由于没有自己的货币政策被迫在危机期间还要紧收财政，这就加剧了被救助国的财政困难。

结语

在欧债危机的这些年里，"欧洲三马"一共为欧债危机拨付了5 440亿欧元的救助贷款，而欧洲央行为了刺激经济开始实行量化宽松政策，印发了上万亿欧元。这才让市场对欧盟的信心慢慢恢复，止住欧债危机的进一步蔓延。

而这次危机中情况最严重的五个国家——葡萄牙、意大利、爱尔兰、希腊、西班牙也由此被大家戏称为"PIIGS"——"欧猪五国"。直到2018年，希腊政府退出了救助计划，"欧洲三马"

对其他国家的紧急救助也基本宣告结束。

直至 2023 年 10 月，欧元区的 GDP 还没有回到 10 多年前的水平，希腊和西班牙的失业率还高居在 15% 左右，与德国 5% 的失业率形成了鲜明的反差。

纵观欧盟历史：

- 最开始为了和平建立经济共同体；
- 尝到了甜头后，联系得越发紧密，成员国也越来越多；
- 为了贸易更通畅，建立了欧元区；
- 由于外围国家信用过度扩张、政府过度挥霍、经济过热，房地产泡沫产生；
- 次贷危机让"PIIGS"的信用瞬间崩塌，陷入违约危机；
- 正是因为欧盟联系得如此紧密，欧元区成员国之间早就你中有我、我中有你，所以导致德、法不得不自掏腰包救助这些外围国家；
- 但正是因为欧盟各国还是一个个独立的国家，在讨论一项决策时，博弈多于妥协，争吵多于共识，这也导致对危机国救助不及时，使欧债危机从"PIIGS"扩散到整个欧洲甚至全球。各独立国家也要"亲兄弟、明算账"呢，救助国给被救助国提出了苛刻的贷款条件，让它们在泥潭中挣扎迟迟爬不出来。

原本为了和平而建立的欧盟暴露了前所未有的内部矛盾，意大利、法国、德国曾进行过民意调查，有将近一半的民众支持自己的国家退出欧盟，英国更是已经退出了欧盟。下一章，我们就来聊聊英国退出欧盟的故事。

第八章

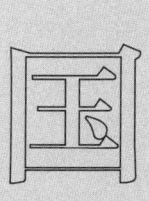

英国经济与『脱欧』始末

导 语

英国,昔日的全球霸主、金融中心,下午茶和炸鱼薯条的"爱好者",既绅士又有很多足球流氓的奇妙国度,即使在二战中损失惨重,也还是欧洲经济实力最强、发展最为稳定的国家之一。但在2016年,这里却发生了一件超出半数国民预期的大事,甚至当时的首相也因此事辞职,那就是——"脱欧"。

英国为什么"脱欧"?"脱"到什么程度了?"脱欧"对英国到底是好事儿还是坏事儿?

想要解答上述问题,我们必须对英国几百年来的发展情况有一个大致的了解。本章中,我们会从历史、政治、地理、文化等多个维度带大家了解英国,串联起19世纪至今英国经济的发展与变化,进而厘清英国"脱欧"的原因和影响。

地理：英国到底由哪几部分组成

在讨论英国经济之前，我们首先得厘清一个问题，英国到底包含哪几个部分。

英国（United Kingdom）、大不列颠（Great Britain）、不列颠（Britain）、不列颠群岛（British Isles）、英格兰（England）……这几个名词都经常出现在新闻中，但它们所指代的地区却并不相同。

英国所在的区域有两大片岛屿：西边是爱尔兰岛；东边是大不列颠岛，有时简称不列颠。它们和周边的其他小岛共同形成了不列颠群岛。

大不列颠岛可以分为苏格兰、英格兰和威尔士三大地区；爱尔兰岛则包括北爱尔兰地区和独立国家爱尔兰共和国。

而我们所说的英国，其全称是大不列颠及北爱尔兰联合王国（The United Kingdom of Great Britain and Northern Ireland），由北爱尔兰、苏格兰、英格兰、威尔士四个地区组成，有时也被简称为不列颠。

有趣的是，参加世界杯的时候，这四个地区会分别组队参赛；但参加奥运会的时候，它们又合在一起组成一支代表队参赛。

历史：从辉煌到没落

从"日不落帝国"到"欧洲病人"

将时间倒退至 18 世纪末，英国率先开始了第一次工业革命。紧接着，1815 年，英国在第二次百年战争[①]中彻底战胜了法国，维多利亚时代的大英帝国开始步入全盛时期，并展开了全球殖民活动。当时，大英帝国的殖民地遍布全球 24 个时区，"日不落帝国"横行天下。

1870 年，英国 GDP 占到了全球 GDP 的 9.1%，位列全球第三，排在中国和印度之后。如果将殖民地的 GDP 也计入，大英帝国的 GDP 可占到全球 GDP 的 1/4，到 1913 年一战之前甚至达到了全球 GDP 的 1/3。再看人均 GDP，当时英国人均 GDP 位列全球第二，而第一名澳大利亚当时也是英国的殖民地。

这个只有约 2 000 万人的国家，军事实力空前强大，国际地位非常高，在经济上也相当富裕。

只是好景不长，英国在老大的位子上屁股还没坐热，德国、法国、美国，还有后来的日本，就都迅速完成了工业化，在第二次工业革命的时候奋起直追。再加上两次世界大战和 20 世纪 30 年代经济大萧条的冲击，英国的实力大不如前，所管辖的殖民地也陆续解放、独立。

---

① 第二次百年战争指 1689—1815 年英国与法国的一系列军事冲突，由两个主要交战国的一系列断断续续的战争组成。该名词也指当时英法两国之间的竞争状态，而不仅是直接军事冲突。英国最终胜利，确立其"日不落帝国"的地位。——编者注

图 8-1 是英国债务和 GDP 的比值，一战开始后，这个比值直接从 30%~40% 飙升至 170%，可见战争是非常烧钱的。一战结束后，英国刚还了一点债，二战又开始了，其债务和 GDP 的比值再次飙升，最高时超过了 240%。英国在二战中向美国借的钱直到 2006 年才还清。

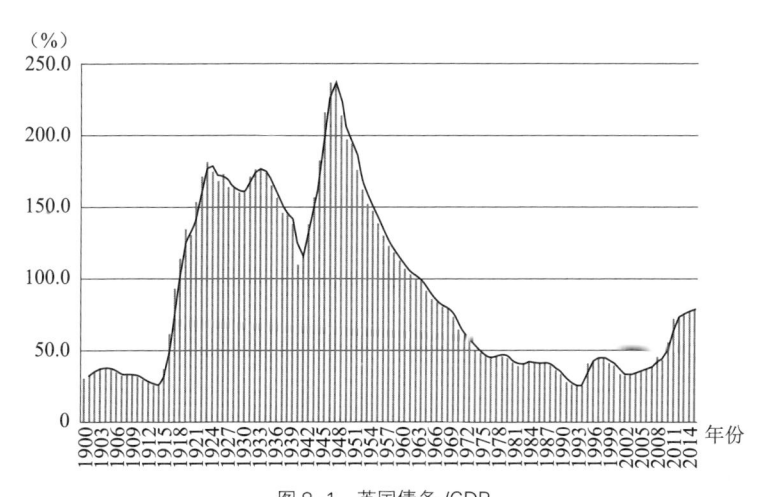

图 8-1　英国债务 /GDP

来源：Reinhart，AER and OBR

二战后，英国经济也没有立刻复苏，而是陷入了一段时间的衰退，又是靠向美国借钱才挺过去。之后近 30 年的时间里，英国财政都是以"还钱"为主题，极少出现刺激性政策。

1950—1970 年间，德国、日本和美国都在促进自由市场发展，英国却选择将很多产业国有化，虽然大体上也算稳健发展，但有些缺少创新动力。图 8-2 是英国和其他三个国家人均 GDP 的对比，差距已经十分明显。

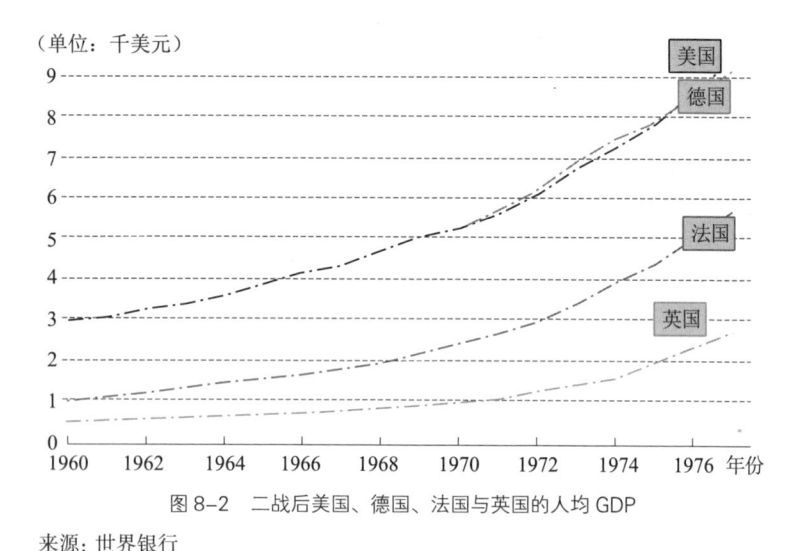

（单位：千美元）

图 8-2 二战后美国、德国、法国与英国的人均 GDP

来源：世界银行

这时候的英国早已不是当年不可一世的"日不落帝国"了，甚至被戏称为"欧洲病人"（sick man of Europe）。

成功加入"小团体"

二战后，就在英国经济挣扎着恢复的同时，欧洲大陆上一群同样经受了一战和二战摧残的国家决定抱团取暖。

为了避免再一次陷入战争，也为了促进彼此间的贸易往来，1957 年，比利时、法国、意大利、卢森堡、荷兰、联邦德国六个国家成立了欧洲经济共同体（European Economic Community，以下简称 EEC）。六个原始成员国则被称为"核心六国"（Inner Six）。

抱团的效果不错，各国的经济都迅速发展起来，尤其是德、法两国。这引起了英吉利海峡对岸英国的注意，英国看着自己的 GDP 增速缓慢，发现那些原来不如自己的邻居发展得那么好，不禁眼红起来，赶紧举手表示自己也想加入 EEC。

但三十年河东、三十年河西，EEC 无情地拒绝了英国的请求，因为它与英国之间其实早有一段不愉快的"交往史"。

EEC 在准备成立的时候曾邀请英国加入，但当时的英国非常保守：一方面是因为很多产业被国有化，不希望太自由开放；另一方面是因为当时它和美国关系很好，担心加入欧洲的小团体会影响其与美国的关系。

等到组团后的德、法开始起飞，英国才说想要加入，这就让法国看着非常不爽了：英国不想承担风险，只想坐享其成，这也太"鸡贼"了！更重要的是，当时法国总统戴高乐有一个跟当年英国拒绝加入时一样的顾虑：英美关系太近了，这紧紧捆绑的两个国家很可能哪天就合起伙来将 EEC 操控了。再加上英法之间的陈年积怨，戴高乐坚定地否决了英国在 1963 年和 1967 年两次提出的申请，甚至连谈判都不想进行，态度十分明确：只要我还是总统一天，英国就别想加入！

没办法，英国只能等到 1969 年戴高乐下台之后再重新开始运作，终于在 1973 年成功加入了 EEC。

但加入小团体就可以搭上顺风车了吗？英国可能太理想了。倒霉的英国又赶上了全球能源危机，油价暴涨，通胀率一度超过了 20%。

经济一差，民众的不满情绪就涌了上来。英国好不容易才成功加入欧洲小团体，没两年民众就出现了要求退出的声音。1975年，英国只好举行全民公投来决定是否退出 EEC，结果是支持留下的人占到了 67%，这才没有退出。

英国的很多决策都是通过全民公投的方式进行的，这一点与许多国家不一样。从另外一个角度来看，国家层面决策采取这种方式，显得太过随意了。

"铁娘子"时代：成为全球第二大金融中心

1979 年，英国迎来了一位非常强势的新首相——"铁娘子"撒切尔夫人。

撒切尔夫人上台之后对英国进行了大刀阔斧的供给侧自由化改革。她对金融市场和银行业去监管和自由化，又推进减税、打击工会、控制通胀，并且将原来大量的已经国有化的资产重新私有化，试图刺激国内的需求。这套政策理念被后人称为"撒切尔主义"（Thatcherism）。后来，德国也效仿过撒切尔的做法。①

英国经济从撒切尔夫人时代开始慢慢追赶德法，金融业也在这波浪潮中迅速崛起，成为英国的支柱产业，伦敦成了全球第二大金融中心。

当时美元交易最看重的一类利率不是来自美国银行，而是伦

---

① 在后文讲到俄罗斯经济时，我们还会介绍戈尔巴乔夫施行的 Perestroika 和 Glasnost，也跟撒切尔的做法非常类似。私有化和自由化在 20 世纪 80 年代可以说是全世界的主题。

敦同业拆出利息率（London interbank offered rate，以下简称 LIBOR），可见当时伦敦在世界金融体系中的地位是非常高的。

> **知识点延伸**
>
> **LIBOR**
>
>   LIBOR（伦敦同业拆出利息率）是指大型银行之间借贷所要求的利率，可以简单理解为银行借钱的成本。银行在面临短期的流动性问题时可以在国际货币市场寻求其他银行的帮助。英国银行家协会（British Bankers Association）选定一帆作量大、客户多、放贷资金量大的大型银行作为报价行，要求它们在每个工作日早上11点发布借款利率（offered rate）和贷款利率（bid rate）。利率包括以美元、欧元、英镑、日元、瑞士法郎五种货币为基础的时长为隔夜到1年不同期限的利率。秉持着"救急不救穷"的原则，大多数银行彼此借贷的资金到期日都较短。这也很好理解，如果一家大型银行账上长期没钱，那可不是研究贷款利率这么简单了，甚至不会有人愿意出手相助。
>
>   其实，银行间彼此交易的时候极少完全依据LIBOR提供的利率，LIBOR的重要性在于它被广泛用作利率基准，影响着市场的各类利率，包括与我们息息相关的消费贷款

和房贷。同时，它也映射了国家的货币政策和经济情况，紧缩时会升高，宽松时则下降。

然而，如此重要的 LIBOR 却曝出过丑闻。2008 年金融危机时，美国第四大投资银行雷曼兄弟爆雷破产的一段时间内，LIBOR 发生了明显的下降且完全偏离了事实。当时，一些报价行不愿意报出比其他银行更高的借贷利率，甚至串通起来虚报低价。因为报的高就暗示着自己在获取资金方面更加困难，在恐慌情绪弥漫的 2008 年，没有银行愿意承认自己发生了资金流动问题。丑闻被揭发后，LIBOR 的信誉也大打折扣。

2023 年 6 月 30 日，LIBOR 正式退出历史舞台，取而代之的是一系列不同的基准利率，如美国将采用有担保隔夜融资利率（Secured Overnight Financing Rate，SOFR）

从那时起，欧洲的金融中心就一直是伦敦，北美是纽约，亚太则是香港、新加坡或者东京。各大银行和金融机构主要靠这几个中心来覆盖全球业务。后来英国"脱欧"，逐渐有一些金融公司搬离了伦敦。

总之，伦敦金融中心的地位在很大程度上仰仗撒切尔夫人的改革。

但改革肯定是有代价的，图 8-3 的阴影部分是撒切尔夫人改革期间英国的失业率（1980—1990 年），这一指标曾一路飙升至

12%，是英国近百年来的最高水平。在这 10 年间，英国的社会环境动荡不安。

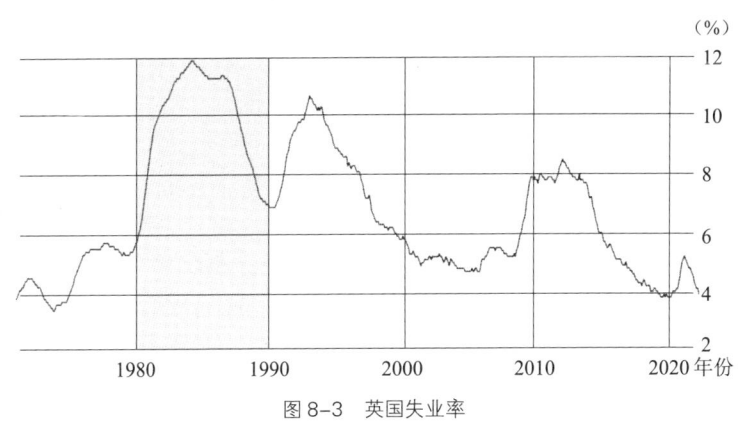

图 8-3 英国失业率

来源：英国国家统计局

英国内部对撒切尔夫人也有很多反对的声音，至今她都是一个非常有争议的人物。她在将国有资产私有化的过程中，必然触及很多人的利益，也遭受过很多阻力。有人批评她过于强势，但在当时的情况下，或许也只有"铁娘子"才能如此快速地将英国推上自由市场经济的道路。

"难民潮"埋下的隐患

撒切尔夫人改革后英国的发展是怎样的呢？图 8-4 阴影部分是 1995—2008 年德、法、英三国 GDP 的增速，这期间 EEC 也升级成了现在我们所说的欧盟。不得不说，加入 EEC 对英国的发展还是有很大帮助的。德、法、英三个欧洲核心国家手拉着手一路前行。

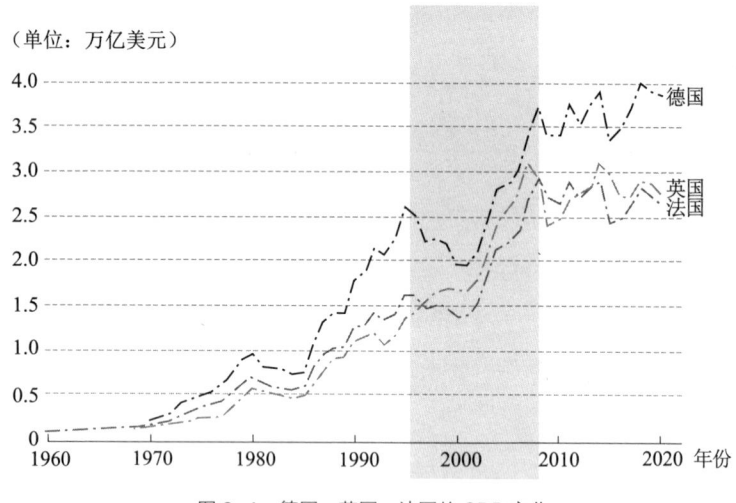

图 8-4　德国、英国、法国的 GDP 变化

来源：世界银行

但别看数据上英、德、法"手拉手"一起上升，实际上英国在欧盟长期处于比较边缘的"游离状态"。

英国与德、法两国不仅在地理上隔着英吉利海峡，经济上也存在着各种大大小小的纠纷。比如，英国是一个四面环海的岛国，但在欧盟的限制下，英吉利海峡的鱼每年只能捕 1/5，同时每年还要给欧盟交会费。

在自我认知上，英国人一直都有高人一等的想法：我们是英国人，怎么能和那些法国人、意大利人混为一谈！于是，英国经常在欧盟搞特殊。欧盟所有成员国都要遵守的规矩，英国偏不遵守。当然，这也要仰仗撒切尔夫人在任时的强势。比如德、法提出要发行新货币欧元，英国就不愿意加入——我怎么可能放弃自己高贵的英镑！

总之，无论是英国本身还是欧盟的其他成员国，都没有完全把英国当作欧盟的核心成员。虽然英国民众对欧盟一直心存芥蒂，但毕竟彼此也没有什么大的矛盾，既然大家都发展得很顺利，那日子就先这样将就着过。

直到2010年，欧洲身陷债务危机的泥潭，英国从次贷危机中恢复本来就很艰难，此刻还一直被债务严重的葡萄牙、意大利、爱尔兰、希腊、西班牙五个国家拖累。经济形势不乐观，英国对欧盟的各种情绪就又"上头"了，这就好比普通人亏钱的时候看什么都不顺眼老想找人吵架一样。英国还真就"逮"到了一个吵架的机会。

2015年，大量来自叙利亚等国家的难民涌入欧洲寻求庇护。时任德国总理默克尔牵头为这些难民提供援助，并提出欧盟各国按人口比例接收和帮助难民。欧盟的决定一出，各成员国只能同意，最终大部分难民都流入了英国、法国和德国。

最开始，大家都是本着人道主义精神欢迎难民。但随着人数越来越多，难民开始影响英国的社会安定和普通人的就业，甚至还对英国的文化习俗也产生了影响，法国甚至出现了恐怖袭击。英国民众也开始因为难民的涌入而对欧盟产生了非常严重的抵触情绪，"张开双手欢迎难民"的决策后来也让默克尔在德国的支持率断崖式下降。

2015年难民潮的背后其实隐藏着一个更加深远的、让英国抵触欧盟的痛点——移民问题。

图 8-5 是英国的人口流动情况，从 1998 年开始，每年都有几十万人涌入英国，导致现在英国的人口密度在发达国家中名列前茅，平均每平方千米有 277 人，而美国每平方千米只有 34 人（图 8-6）。

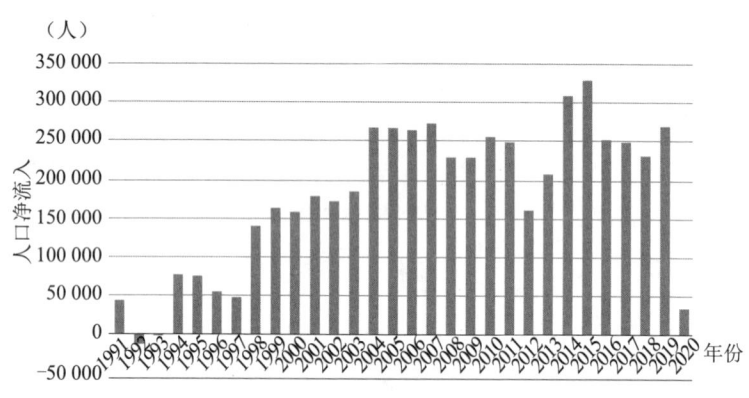

图 8-5　英国人口净流入

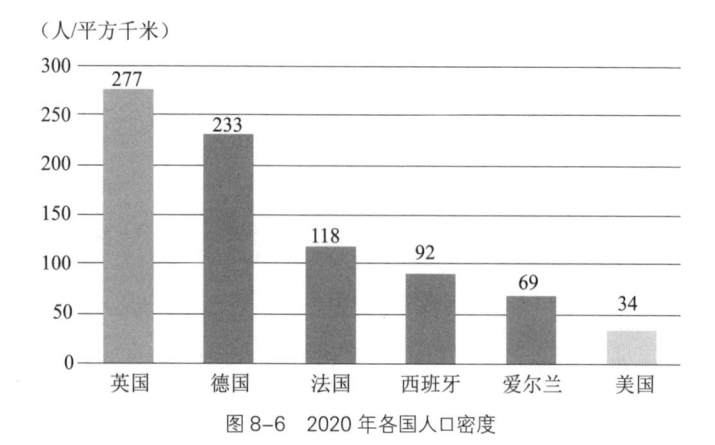

来源：世界银行

图 8-6　2020 年各国人口密度

来源：联合国

这难免会让英国本土国民觉得难民的涌入给自己带来诸多不便。而民间的这种不满情绪也为英国脱欧埋下伏笔。

英国"脱欧"始末

在英国，抵触欧盟的情绪在民间持续发酵，"脱欧"自然成为英国政坛关注的焦点。

轮流"坐庄"的政治体系

回顾英国"脱欧"始末，还需要先了解英国的政治体系。

英国实施的是君主立宪制，这里的"君主"指的就是女王或者国王，现任君主为2022年即位的查尔斯三世。君主的存在标志着英国政治制度的连续性及稳定性，国王是维系民众情感的纽带，作为外交代表，也是维系英联邦各成员的重要纽带。国王也是国家的人格化象征，其存在也保证和增强了英国政治制度的程序合法性。国王还扮演着向政府内阁首相和大臣提供咨询、建议的"政治顾问"的角色。总而言之，英国国王的作用就是代表英国的"脸面"。

英国政治的核心其实是负责立法的议会，议会分为上议院（House of Lords）和下议院（House of Commons）。很多立法决策都是在下议院讨论决定的。下议院共有650个席位，即650个下议院议员（member of parliament，以下简称MP），每一个MP都代表英国的一个选区（constituency）。

英国大选五年进行一次，主要由两个党轮流"坐庄"：工党（Labour Party）和保守党（Conservative Party）。

不过，大选选的不是谁出任首相，而是自己选区的 MP 由哪个党派的人担任；然后统计出 650 个 MP 中哪个党派成员数量过半，哪个党派成员数量超过 325 个，那么这个党派的领导人就当选为英国首相，当选的首相再去组建自己的政府。如果某个党派占了多数议席，但没有超过半数，那就需要联合其他党派一起组建联合政府。联合政府办什么事儿都会很麻烦，到底有多麻烦呢？答案在后文中揭晓。

总之，英国选举严格贯彻自下而上的制度，这一点与美国选举还是有所不同的。

2010 年，英国首相由保守党的卡梅伦担任，但由于保守党在议会中的席位只有 306 个，没有超过半数，于是副首相由自由民主党党魁克莱格担任，两个党派牵手组成了联合政府。这还是第二次世界大战结束之后英国首次出现联合政府，没有一党独大带来的后果是，卡梅伦乃至保守党的话语权都十分有限。

卡梅伦本身是支持英国"留欧"的，这也是当时英国国内大部分经济学家的共识。但随着要求英国对是否"留欧"举行全民公投的呼声越来越大，卡梅伦的压力也越来越大。甚至有一个新的政党因为民众对欧盟的不满情绪悄然崛起——UK Independence Party（英国独立党，以下简称 UKIP）。保守党内部也分化成了"留欧"和"脱欧"两大派系，甚至有两个保守党的 MP 转而投向了 UKIP。

此时的形势对卡梅伦来说，真可谓是内忧外患。2015 年英国大选前夕，据预测网站计算，UKIP 的支持率已经飙升到 25%，保守党虽然还有可能会赢得多数席位，可是赢得超过 325 个席位的概率是非常低的。于是，卡梅伦做出了一个之后令他非常后悔的决定：如果保守党能在 2015 年大选中赢得超过 325 个席位，就举行全民公投决定英国是否"脱欧"。

其实这想法也没什么错。卡梅伦当然不希望英国"脱欧"，这对英国来说是弊大于利；但同时，卡梅伦也不觉得保守党能够赢得超过 325 个席位，这样讲只是为了显示自己的公正，之后大概率不用履行承诺。退一步来说，假设真的要举行全民公投，最终结果为"脱欧"的概率也并不高，反而可以在很长一段时间内堵住那些要"脱欧"的人的嘴，而且这个公投的姿态也有助于英国去和欧盟讨价还价：如果欧盟再不给英国一点实际的利益，那我们真的要退出了！

卡梅伦的算盘打得噼里啪啦响，英国民众当然不知道他心里到底是怎么想的，但听到他的这个决策，觉得可以用公投决定是否"脱欧"，都兴高采烈地转向了保守党。结果，保守党得到了 330 个 MP 的席位，居然真的得到了议会的超半数席位！而此时的卡梅伦都不知道该哭还是该笑了，赢得了超半数席位，当时不计后果许下的承诺跪着也要兑现！于是，他宣布英国将在 2016 年 6 月 23 日举行全民公投，决定英国是否"脱欧"。

全民公投进行时

"留欧"和"脱欧"的两大阵营开始为自己拉票。

支持"留欧"的阵营更丰满一些，以当时的英国首相卡梅伦为首，还有工党的杰里米·科尔宾（Jeremy Corbyn）、前首相托尼·布莱尔和约翰·梅杰等人。他们当时有个口号："Britain Stronger in Europe！"（英国在欧盟会变得更强！）此外，英国之外的声音，比如美国、欧盟等，也都支持英国"留欧"，这样更有利于各地区稳定发展。老话说得好，"家和万事兴"，大家都觉得闹闹无伤大雅，但不可能真的"脱欧"。

"脱欧"阵营中，牵头的人也来自保守党，有鲍里斯·约翰逊（2019—2022年任英国首相），当然还有UKIP的党魁奈杰尔·法拉奇（Nigel Farage）。他们的口号是："Take Back Control！"（夺回主动权！）

很快，公投宣传运动就开始变得越来越无序，双方的宣传无所不用其极，存在大量夸大事实的片面宣传，甚至讲出非常极端的言论来煽动民众。本来复杂的经济问题演变成一场声势浩大的闹剧及政治冲突。当时的一位工党MP乔·考克斯（Jo Cox），2015年刚当上议会议员，2016年就在选举前当街遇刺身亡。

虽然闹得不可开交，但选举前的抽样调查显示，"留欧"派会以7∶3获胜。"留欧"派的卡梅伦气定神闲地开始筹备和欧盟的谈判，"脱欧"派的约翰逊则在公投前准备好了"脱欧"失利的演讲稿。

2016年6月23日，全民公投日终于到了。此时，问卷上的问题只有一个："英国应该留在欧盟还是离开欧盟？"（Should the United Kingdom remain a member of the European Union or leave the European Union？）

选票是人工一点点统计的,开始时,"留欧"派占优势,金融市场也非常稳定。但突然之间,形势就急转直下,双方选票焦灼起来,市场也随之发生了剧烈震荡,随着得票比例的变化而暴涨或暴跌。最终出乎所有人的意料,"脱欧"阵营以52%比48%的微弱优势爆冷取胜。

图8-7为英镑兑美元的汇率在公投当天的变化,可见波动十分剧烈,一天跌去了20%。

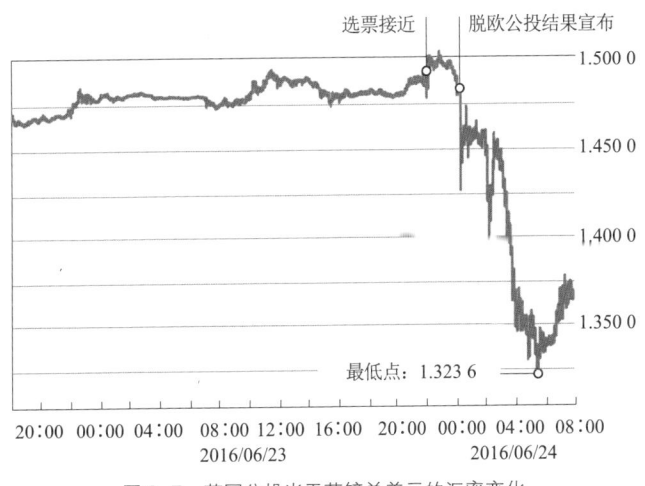

图8-7 英国公投当天英镑兑美元的汇率变化

来源:Bloomberg

而从公投地区的票数统计结果可以发现,英格兰、威尔士的大部分选民选择"脱欧";而伦敦、加的夫这样的大城市,以及苏格兰、北爱尔兰的大部分选民则选择"留欧"。

这也导致之后苏格兰开始嚷嚷着要搞全民公投退出英国。所以由此可以看出，不论"脱欧"的结果对英国经济的冲击如何，英国国内先变得更加割裂了。

卡梅伦搬起石头砸了自己的脚，再也没有脸面继续留在议会担任首相，公投后第二天，就引咎辞职了。半个月后，特蕾莎·梅在竞选中接过了接力棒，临危受命出任英国首相，成为英国历史上继撒切尔夫人后的第二位女首相，被大家称为"梅姨"。

"脱欧"后的极限"拉扯"

但一切到此为止了吗？当然不是，混乱才刚刚开始！

欧盟成立这么久以来，各个国家之间的经济和政治已经水乳交融。这就有点像大家早就已经融合成了一杯奶茶，现在其中一款奶说自己要退出，需要从奶茶里把这款奶提取出来，对各国来说肯定都超级麻烦。而且卡梅伦政府原来压根儿没打算真的"脱欧"，所以没有进行任何准备，公投结果一出来，不论是英国、欧盟还是整个市场，全体不知所措。

有记者问"梅姨"英国"脱欧"意味着什么？"梅姨"无奈说出了那句名言："Brexit means Brexit！"（英国"脱欧"意味着英国"脱欧"了！）看来"梅姨"才是废话文学的鼻祖……"梅姨"也确实可以说是最倒霉的英国首相之一了。她本来支持"留欧"，之前也属于卡梅伦阵营，只是没那么高调，现在却不得不接手卡梅伦捅下的大篓子。

"脱欧"具体都需要理清哪些方面的问题呢？主要还是五花八门的经济问题：自由贸易、公民权益、"脱欧"的成本、现有外债、捕鱼的权利等等。这些不一一展开论述了。但有一个非常核心的内容，也是"脱欧"谈判中最为麻烦的部分，还是很值得单独为大家讲解一下，即边境问题，具体来说，是北爱尔兰和爱尔兰共和国的边境问题。

爱尔兰问题其实也是困扰英国半个世纪的老问题了。

20世纪之前，整个爱尔兰岛都在英国的统治之下。当时的爱尔兰也进行过多次反抗，内部有一些人想要独立，但北边的一部分人却坚定地希望继续跟着英国发展。于是，1920年，英国就人为地在爱尔兰画出了一条499公里的边境线，北边的北爱尔兰归属英国，而南边的大部分地区共同形成了爱尔兰共和国并从此独立。

分开后邻居却并不和睦，两边对彼此的敌意都很强烈，还打起了贸易战，互相加收惩罚性关税。局势愈演愈烈，爱尔兰共和国的人认为北爱尔兰是爱尔兰的一部分，而这一观点也得到了北爱尔兰一部分民众的支持。北爱尔兰的民众又逐渐分成了两派：支持留在英国的统一派（Unionist），支持加入爱尔兰共和国的民族主义派（Nationalist）。

1960年，双方冲突升级，爱尔兰岛的局势非常动荡，以至于英国不得不在边境线上建起了防护墙和军事隔离带。没想到，这种动荡持续了30多年，两部分大大小小的冲突导致上千人死亡。

直到1998年，统一派和民族主义派终于达成了"贝尔法斯特协议"（Good Friday Agreement）：北爱尔兰民众可以自由选择成为英国或者是爱尔兰公民；北爱尔兰在将来有权利决定自己是留在英国还是加入爱尔兰。简单来讲就是，北爱尔兰无论是公民还是作为一个整体，都有最大的自由选择权。

这才终于结束了英国和爱尔兰的纠纷，而那条边境线也慢慢变得可有可无了。

英国"脱欧"后，爱尔兰共和国依然是欧盟的一部分，那么问题来了——北爱尔兰可以自由选择是否留在欧盟吗？

如果重新梳理边境线，那历史的老问题就会被再次提起；如果不设边境线，北爱尔兰的一只脚就还是在欧盟。

针对这个问题英国和欧盟一直在协调沟通，但并没有好的解决方案。

新任首相"梅姨"面临的问题还不仅仅是和欧盟谈判这么简单。实际上，她需要和欧盟谈判出一个"脱欧协议"，协议还需要在英国的议会通过，如果议会不通过，那就得去与欧盟重谈，她此时成了一个夹在两方之间的"受气包"！

现在来看，"梅姨"的思路十分清晰。她明白自己需要得到国会的支持，那就要争取尽量多的议会席位。2015年，卡梅伦好不容易才争取到了331个议会席位，而"梅姨"刚上台时，她的支持率比卡梅伦高了不少，根据抽样调查如果重新进行选举她所在的保守党应该会获得更多的议会席位。于是在2017年，为了获得更大的话语权，"梅姨"决定临时进行全民选举。

但结果令她大跌眼镜，保守党虽然赢得了选举，但这次只得到了317个席位，比之前少了十几个，而且没有超过议会全部650个席位的一半，这会导致保守党丧失对政府和议会的绝对控制权，需要再次组成联合政府。此时英国的议会又要开始每天吵架！双方吵了两年，跟欧盟达成的初步协议一直被国会打回，"梅姨"实在受不了这种夹板气，于是也辞职了。之后约翰逊上台，终于又在几个来回后，在2020年初推动了"脱欧"计划书获得通过，正式启动了英国的"脱欧"流程（图8-8）。

英国"脱欧"协议具体指什么呢？这个协议一共有2 000多页，我们可以看看最核心的几点。

首先，在贸易上，英国和欧盟各国继续保持零关税的自由贸易。

其次，在边境问题上，北爱尔兰和爱尔兰之间继续保持开放，但北爱尔兰人在通过爱尔兰海的时候不能再像之前一样自由，要有海关检查。

最后，是曾经让英国人非常恼火的移民问题，移民不可以再无门槛自由流动——来英国留学的学生除外。来自欧盟的移民需要在系统上申请并进行评分，符合人才标准的才可以移民。当然这些都是双向的，英国人也不能随便进入欧盟各国了。

英国的现状：在动荡中前行

对于英国"脱欧"事件，有些人认为当时就不该公投，英国不该离开欧盟；有些人却说可以"脱欧"，但是最终的协议损失太多了，应该再谈判甚至不签协议直接"脱"。

先不论"脱欧"本身给英国的经济带来的影响是好是坏，互相拉扯这几年带来的不确定性，其实才是成本最高的，这也给英

图 8-8 英国"脱欧"时间线

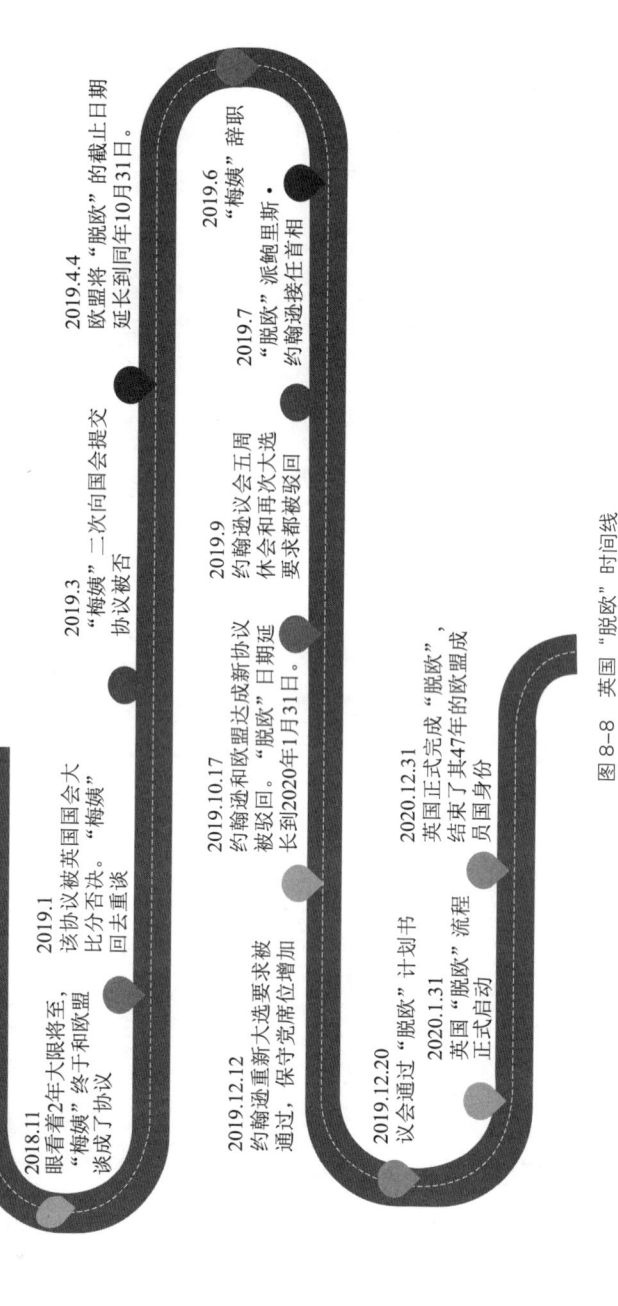

- 2016.6.23 全民公投决定"脱欧"
- 2017.3.29 英国正式向欧盟提交"脱欧"申请，限期2年内完成谈判
- 2018.11 眼看着2年大限将至，"梅姨"终于和欧盟谈成了协议
- 2019.1 该协议被英国国会大比分否决。"梅姨"回去重谈
- 2019.3 "梅姨"二次向国会提交协议被否
- 2019.4.4 欧盟将"脱欧"的截止日期延长到同年10月31日。
- 2019.6 "梅姨"辞职
- 2019.7 "脱欧"派鲍里斯·约翰逊接任首相
- 2019.9 约翰逊议会五周休会和再次大选要求都被驳回
- 2019.10.17 约翰逊和欧盟达成新协议被驳回。"脱欧"日期延长到2020年1月31日。
- 2019.12.12 约翰逊重新大选要求被通过，保守党席位增加
- 2019.12.20 议会通过"脱欧"计划书
- 2020.1.31 英国"脱欧"流程正式启动
- 2020.12.31 英国正式完成"脱欧"，结束了其47年的欧盟成员国身份

202　时势——周期波动下的国家、社会和个人

国造成了不小的冲击。

之前欧盟的跨国企业里有超过 40% 的公司都把总部设在了伦敦。2016 年"脱欧"的公投结果一出，大家便如坐针毡地等着谈判落地。谈判过程十分曲折繁复，这种悬而不决的状态让全球所有在英国的企业都不得不同时做多手准备，很多计划也都只能暂时搁置，极大地影响了当时英国的生产力。

还有我们前文提到的，非常支持留欧的苏格兰人民也一下子伤透了心，其政府甚至想进行全民公投，来决定是否要退出英国、加入欧盟的怀抱。但这个申请没有被英国议会批准。顺便说一句，苏格兰早在 2014 年就曾举行过一次独立公投，最终有 55.8% 的人反对，没有独立成功。

苏格兰不开心，爱尔兰也不太平。2022 年 6 月，爱尔兰的边境问题再次被拿出来讨论。英国认为"脱欧"协议中"北爱尔兰议定书"部分安排难以执行，要求重新谈判，否则将单方面撕毁协议。比如其中一条是北爱尔兰地区的司法管辖权问题。先前的协议里，欧盟坚持对北爱尔兰有直接司法管辖权，但英国认为北爱尔兰的主权属于自己，而现在自己已经"脱欧"了，这样的规定就显得很不合理。

于是，双方只好开始新一轮的谈判。

2023 年 2 月 27 日，英国首相和欧盟主席宣布，双方就北爱尔兰问题达成一份名为"温莎框架"的协议以取代"北爱尔兰议定书"。在这份协议中，欧洲法院保持了对北爱尔兰的直接司法管辖权，但新增了一个"斯托蒙特刹车"的机制，简单来说就是如果欧盟想实施新法律，北爱尔兰不同意的话可以考虑"踩刹车"，这样一来英国政府就可以有否决权，参与讨论这项欧盟法律是否在北爱尔兰推行。更重要的是商品和贸易规则的变化：比如商品的增值税税率会更贴近英国其他地区，而不是像之前一样由欧盟决定。再比如：原来英国从大不列颠岛运到北爱尔兰的货物，都得像出口到国外一样接受检查，现在变为分两个部分，留在北爱尔兰当地的货物走绿色通道，就像普通的跨省运输一样做个登记即可，经北爱尔兰地区再送到欧盟其他国家的才需要接受检查。

此时，英国首相也已经从鲍里斯·约翰逊变成了里希·苏纳克，他们两位中间还有一位任期只有一个多月的伊丽莎白·特拉斯——"脱欧"从开始到现在，竟然有5任首相参与其中。

结语

从希腊进入欧元区到欧洲债务危机，再到英国"脱欧"，几十年来，欧盟的缔约格局在各方势力的博弈之中不断更迭，但若即若离之间，始终不变的是"利益"二字。大家曾为了各自的发展积极结盟，也会在风险大于利益时，想要抽身而去。

只是在全球一体化的格局下，任何国家都很难做到独善其身。

第九章

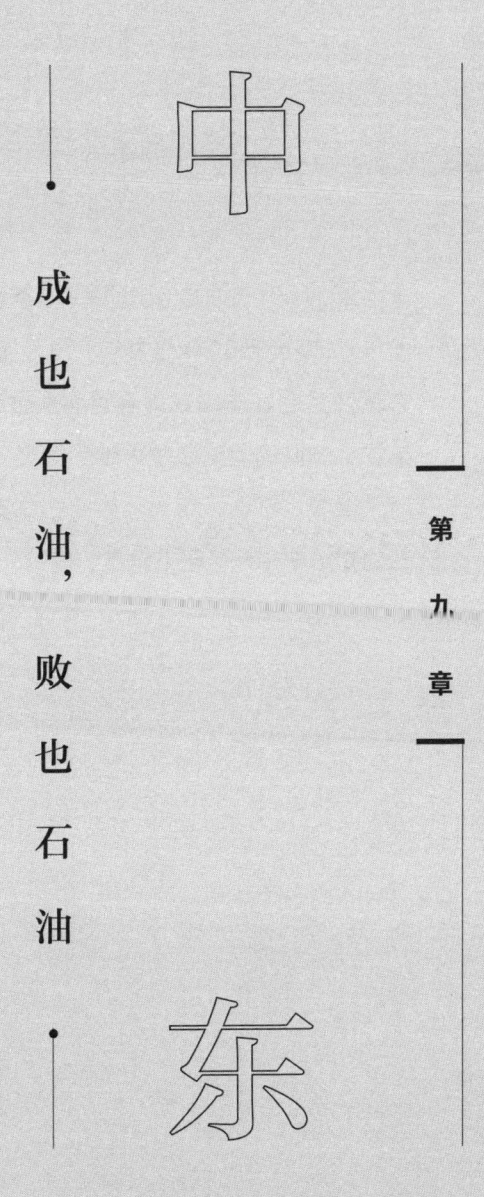

中东

成也石油，败也石油

导　语

　　20 世纪，石油是经济的关键，而中东，是石油的关键。

　　从 20 世纪 30 年代中东发现大量石油的那一刻开始，它就注定会在未来成为全世界关注的焦点，成为美国、英国、苏联的战略必争之地。短短几十年，这个区域经历了战争、联合、阴谋、政变、暴富、危机、谈判……石油在给中东地区带来财富的同时，还带来了什么？

从天而降的石油（1860—1930）

1859 年 8 月 27 日，一位名为埃德温·德雷克（Edwin Drake）的美国商人在宾夕法尼亚州第一次成功钻出了石油。[1] 他把钻出来的石油装在就近找到的盛放威士忌的木桶里，结果 "桶"（barrel）从此就成了石油最为重要的计量单位。[2] 现在人们统计各国的石油产量、进出口量时使用的几百万桶、几千万桶，就源于此。

石油的燃烧效率要远远高于煤炭，而且可以通过管道运输，在存储与使用上更加方便。于是，石油产业在接下来的 50 年里迅速发展。人们大量建油井、炼油厂、管道。1860 年时，石油年产量还只有 50 万桶，10 年后就达到了 2 000 万桶。而到了 1920 年，这一数字已经达到了 4.5 亿桶。此时，世界上大部分国家都意识到：这将是一个改变世界的产业。

而在 1900 年之前，全世界大部分石油的开采、提炼、消费都发生在美国，美国的石油产量占到了全球总产量的 65%。与此

---

[1] 从地底下刚刚开采出来的是原油（crude oil），经过加工处理之后才变成了石油，为了方便理解，本文不特别区分两者，统称为石油。
[2] 一桶石油大约为 159 升。

同时，洛克菲勒的标准石油公司基本垄断了当时全美的石油产业，收购了有关石油开采、提炼、运输的整条产业链。直到1911年，美国最高法院判定标准石油公司垄断，将它强制分拆成了34家公司。

除了垄断，美国人还发现了另一个问题——石油开采速度太快，当时的全美石油储量只能开采十几年。于是，包括美国在内的很多发达国家开始在世界范围内寻找石油。20世纪初的20年间，墨西哥、伊朗、委内瑞拉、伊拉克以及科威特境内发现了大量石油。1938年，美国又在沙特发现了新的石油资源，而且这回发现的是当时已知的全球最大的石油区。

我们先对中东的历史做个简要了解。在发现石油之前的600多年里，中东一直由奥斯曼帝国断断续续地统治。后来，奥斯曼帝国逐渐没落，一战战败后中东地区也被"大卸八块"，由英法两国"托管"。两国中，英国占主导地位。上文提到的发现了石油的伊朗、伊拉克、科威特等国家在当时都被英国管辖。英国也因此成了全世界范围内的石油霸主，虽然本土石油产量很低，但控制着已知石油储量占到全球50%的国家和地区。

这次在沙特挖到的宝，美国可不想白白拱手让人，于是就跟英国商量，中东其他地区的石油都归英国，但沙特这里的石油是美国发现的，得归美国所有！这就好比一群富豪在穷小子家里挖到了黄金，富豪们不会跟穷小子说"小伙子，拿好黄金，祝你好运"，而是会跟其他富豪在穷小子家门口商量如何分配黄金这一问题。

总之，一系列石油的发现让中东这些原本只能以旅游业为经济支柱的沙漠国家，摇身一变成了全世界的主角，带领世界进入了近百年动荡的石油时代。

"七姐妹"时代（1930—1970）

石油公司同盟的建立：控制全球石油市场

石油资源有一些很独特的属性：从需求侧来看，人们对它的依赖程度极高，可以算半刚性需求，便宜的时候得买，贵的时候虽然不情愿但还是得买；而从供给侧来看，它的总量相对固定，弹性较小，不像粮食产量相对有弹性，短缺的可以多多种植。

对于这种带着刚性需求的稀缺资源，如果能够控制源头，就有巨大的利益前景，无论怎样定价基本都卖得出去，所以石油商自然觉得价格越高越好，这当然对消费者很不利，但却是石油商的追求。这也是标准石油公司不惜重金垄断整个石油行业上下游的原因，一旦可以控制油价，就极有可能成为当时最富有的公司。

1911年标准石油公司被拆分之后，石油市场回到了大混战的局面，各家公司疯狂开采石油，疯狂打价格战。这导致20世纪20年代油价一直处在低位，大家都不怎么赚钱。价格战打着打着，这些巨头终于想明白：咱们这是何必呢？反正谁也打不赢谁，打赢了也要被政府拆分，还不如偷偷联合起来控制油价，有钱大家一起赚。

当时，石油市场上有三个最主要的玩家：新泽西标准石油（Standard Oil of New Jersey，后来的埃克森石油）、英伊石油（Anglo-

Persian Oil Company，后来的 BP 石油）、荷兰皇家壳牌石油（Royal Dutch Shell，现在的壳牌石油）。

1928 年，三家公司的高层领导在苏格兰秘密见面，并达成了口头约定"As-Is Agreement"。我们姑且把这个约定翻译成"就这么着条约"。约定内容大概包括几家公司要避免相互竞争，分割好市场地盘，自己管自己的摊子，不打价格战——就这么着，大家一起，都有肉吃。

之后，又有四家石油巨头陆续加入了"就这么着条约"：加利福尼亚标准石油（Standard Oil Company of California，后来的雪佛龙石油）、海湾石油（Gulf Oil，现被雪佛龙合并）、德士古石油（Texaco，现被雪佛龙合并）、纽约标准石油（Standard Oil Company of New York，美孚石油，现并入埃克森石油）。

这七家公司就这样秘密地组成了一个联盟（图 9-1），控制了全球的石油市场。它们还有一个可爱的名字："七姐妹"（Seven Sisters）。可爱的表象下，这"七姐妹"手里攥着伊朗、伊拉克、沙特和其他海湾国家几乎所有的石油开采权，掌握着全球 85% 的

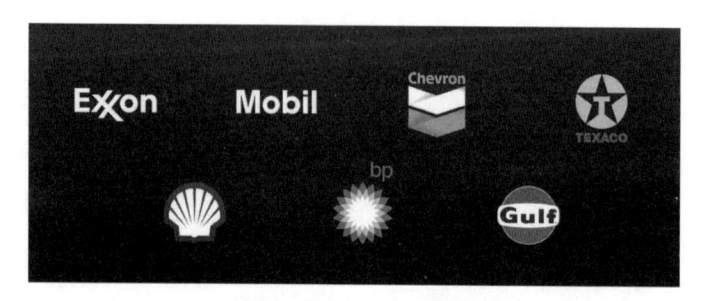

图 9-1 "七姐妹"示意图

石油储备，在国际市场上几乎可以呼风唤雨、为所欲为。而当时的各国政府和其他公司都不知道这个秘密协定，直到 20 多年后这个秘密才被泄露出来。

知识点延伸

卡特尔

像"七姐妹"这种联手控制一种资源的组织，在经济学里可以被称为卡特尔（Cartel），即为了避免过度竞争导致整体利益下跌而形成的垄断联盟。

卡特尔的形成时整个市场的资源配置是不利的，但内部成员却能够因此获取更多利益。所以，市场的监管者和消费者会想方设法阻止市场形成卡特尔，而商家则会想方设法形成垄断或者卡特尔。

因为石油市场资源的稀缺性尤其明显，形成卡特尔的利益尤其高，所以我们会看到全球石油市场多次形成了不同的卡特尔。

"七姐妹"对石油的控制策略

"七姐妹"是如何做到控制中东国家的石油的呢？其实过程很简单：因为它们控制着几乎所有的石油销售渠道，同时控制着大量石油开采、提炼的相关技术。中东国家的政府即使知道自己地盘里全是"黑黄金"也没有用，得把这些石油卖出去才能赚到钱。比如现在的委内瑞拉，作为全球石油储量最丰富的国家之一，其民众还一直挣扎在贫困线上。

当时，中东地区的石油去哪儿开采、开采多少、卖给谁，都由"七姐妹"说了算。当然"七姐妹"多多少少还是要付给中东各国政府一些税费和使用费，但它们的目标就是在不惹麻烦的前提下交的税费能少则少。如果哪个国家有意见，想要加税，"七姐妹"就会表示："这个国家的税率太高了，我们去邻国采油，等你们自觉地把税费降下来再回来。"大部分中东国家也只能作罢，因为当时"七姐妹"是它们唯一的客户，不敢得罪。甚至中东各国政府开始打税费价格战，在不赚钱和赚一点儿钱之间，这些国家还是倾向于赚一点是一点。几轮下来，税费就变得非常低。

读到这大家可能有些纳闷，这些中东国家为什么任由"七姐妹"欺负，为什么不把石油开采权抢回来，自己生产自己卖呢？主要原因有如下几点：首先，有些产油国连独立的政府都没有，它们的政权完全被欧美控制，国有化根本无从谈起；其次，有些已经独立的国家需要靠出口贸易生存，如果把石油国有化，可能会被欧美政府制裁，限制出口和贸易；再次，产油国的石油开采技术基础差，一直赚不到钱，也就一直没钱研发如何高效开采、储存和运输石油；最后，"七姐妹"控制的欧美市场几乎是这些国家唯一的客户，一旦得罪了欧美，即使自己能开采石油也卖不出去。

所以，"七姐妹"把中东这帮"穷小子"拿捏得死死的。而且

"七姐妹"背后其实有西方政府在撑腰，比如英伊石油公司背后就是英国政府，控制着伊朗的石油开采。而美国政府为了给石油保驾护航，在二战之后的 1945 年，总统罗斯福和沙特国王达成了一个非常重要的口头协议：沙特将优先开采权开放给美国商人，作为交换，美国给沙特提供军事保护以及大量黄金。之后，美国就可以光明正大地在沙特建一个自己的"国中国"，自己开采自己卖，定期给沙特国王交钱和提供武器即可。直到现在，沙特依然是美国这个全世界最大的军火制造国的头号客户。

知识点延伸

其实不光是中东国家，其他不在"七姐妹"体系内的国家也很不爽。当时意大利的国有石油公司埃尼集团(Eni)，一直想申请加入"七姐妹"来分一杯羹，却被无情地拒绝。当时意大利国有石油公司的董事长，也就是后来的能源部长恩里科·马太伊（Enrico Mattei），就很酸溜溜地说："'七姐妹'欺负人。""七姐妹"的称呼正由此而来。

中东的反抗（伊朗）

中东一直被欧美攫取资源，最终影响的是当地民众的生活。渐渐地，伊朗民间开始产生不满情绪。

二战爆发以前，伊朗的石油开采权一直被"七姐妹"之一的英伊石油公司控制。1939年二战爆发以后，石油需求量暴涨，美国和苏联也想来伊朗分一杯羹。但是大家各执己见，一直没在权利分配上达成一致。

鹬蚌相争之时，一位叫摩萨台的伊朗议员准备抓住这个机会抢回本国的石油控制权。他趁着大国之间僵持不下之时，在1950年的伊朗议会上提出审查英伊石油公司缴纳的使用费，并且希望英伊石油公司主动减少在伊朗的石油开采量。当时的伊朗总理对此提议提出反对，英伊石油公司也一直不配合审查。1951年3月7日，伊朗总理遇刺身亡。8天之后，伊朗议会紧锣密鼓地发起了针对石油国有化的投票表决，投票通过。3月17日，伊朗向全世界宣布其石油开采国有化。同年4月，摩萨台当选，成为伊朗首相。

但拿回石油开采权只是第一步，真正的难题还在后面。果不其然，英国用军舰封锁了伊朗的港口，谁也别想从港口运出去一桶石油！1950年，伊朗全年的石油产量有2.4亿桶，而到了1952年，只有1 000万桶。不是伊朗的生产能力不行，而是因为卖不出去，再生产就没地方储存了。国有化之后的第一年，伊朗仅向一家意大利公司卖出了300万桶石油。

从1953年开始，中东地区的两个核心国家沙特和伊朗都成为美国在这一地区的支柱。美国一方面为它们提供大量的武器来控制局势，制衡北边的苏联，另一方面获得了稳定的石油供给。

而伊朗失败的石油国有化历程也导致中东其他国家在很长一段时间内都不敢再轻易尝试抢回本属于它们自己的石油开采权。

过渡阶段：竞争加剧

跟英国不同，美国没有采取原来的那种"我吃肉你喝汤"的压榨方式，而是逐渐和包括沙特、科威特在内的很多中东国家签订了五五分成的协议，美国商人在中东土地上赚到了钱，大家一人一半。这样的协议受到了很多中东国家的欢迎——富豪在穷小子家挖到金子，还能和穷小子五五分成，那穷小子还有什么不乐意的？

但局势很快又发生了变化。二战之后，各国商人都意识到了石油的重要性，于是先后出现了300多家大大小小的石油公司，包括各国的国有企业，加入了全球石油市场。图9-2为世界大型

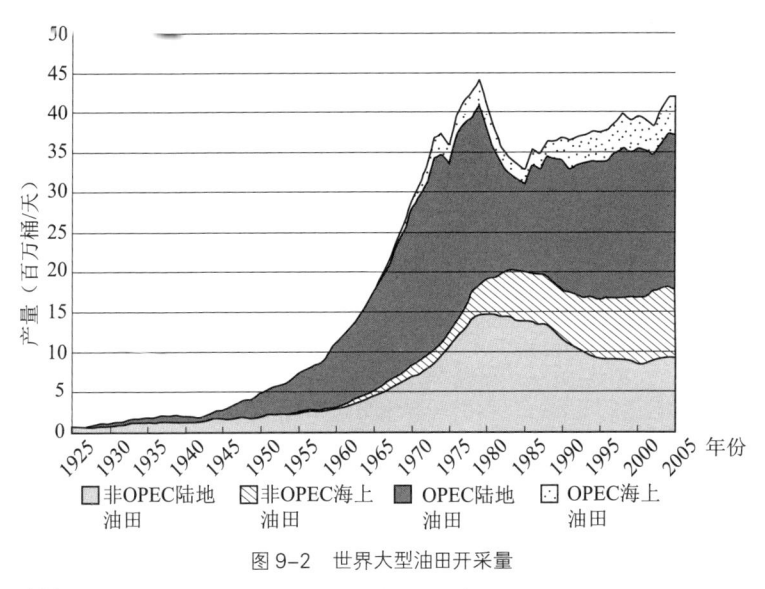

图 9-2　世界大型油田开采量

来源：The Evolution of Giant Oil Field Production Behavior

油田开采量的变化趋势。我们从中可以看到，在1950—1970年这段时间内，石油开采量几乎以"指数级"增长。"七姐妹"对油价的控制力逐渐变弱，供给侧的激烈竞争导致了油价开始下滑。

随着公司变多、油价下跌，这场有关石油的竞争也悄悄地发生了变化。稀缺的资源从销售渠道和开采、提炼技术，慢慢转向了石油本身。这也就意味着，在1950—1970年这20年间，稀缺资源从"七姐妹"手里慢慢转移到了坐拥石油的中东国家政府手中，OPEC时代由此开启。

OPEC时代（1970—1990）

OPEC成立，"穷小子"抱团取暖

意识到自己强大潜力的产油国准备开始反抗。1959年，首届阿拉伯石油大会在埃及召开。在会上，沙特和委内瑞拉[①]达成了《马蒂协定》(Maadi Pact)，呼吁各产油国成立"石油咨询委员会"，审核这些跨国石油公司的价格变动计划。

1960年9月，来自伊朗、伊拉克、科威特、沙特和委内瑞拉的代表聚集在巴格达，讨论如何联手提高油价，摆脱欧美石油公司的控制。它们是现在全球石油已知储量最多的6个国家中的5个，石油储量加起来占到了全球已知储量的近60%。比如科威特，一个只有大约400万人口的国家却拥有全球6.1%的石油储量。

---

① 委内瑞拉不在中东地区。全称委内瑞拉玻利瓦尔共和国，位于南美洲北部。

尽管美国强烈反对，沙特还是顶住了压力，跟与会成员一起，成立了石油输出国组织（Organization of the Petroleum Exporting Countries，简称 OPEC）。OPEC 希望通过设定各成员国的石油产量，来调控全球市场上的石油总供给，从而影响石油交易的价格。

1961 年至 1975 年之间，OPEC 成员国从最初的 5 个，扩张到了 13 个。成员国的石油产量占到了当时世界石油产量的一半以上。

为了对抗旧的卡特尔，一个新的卡特尔形成了。

不过，当时很多产油国的石油生产还没有国有化，依然被欧美公司控制着，所以在这段时间里，OPEC 在市场上的话语权虽然有了大幅提高，但依然有限。

捅破窗户纸，"穷小子"变"地主"

时间来到了 20 世纪 70 年代，随着世界经济的高速发展，尤其是汽车、火车的迅速普及，石油的需求量开始飙升。美国和苏联即使开足了马力产油也远远无法满足本国经济发展的需求，美国 1/3 的石油都需要从中东进口。

而这时的美国因为越战等问题，通货膨胀率超过了 5%。类似地，英国的通货膨胀率也达到了 9.4%。

英美的实力被削弱，而中东石油的重要性又在日益增强，两边形成了鲜明的反差，"穷小子"不知不觉中已经慢慢地变成了新的"地主"，就差捅破最后一层窗户纸了。

1973 年 10 月 6 日，第四次中东战争（Yom Kippur War，也叫赎罪日战争）爆发，以色列和埃及、叙利亚开战。美国向以色列提供军事设施和技术。这个行为激怒了对立阵营的沙特、伊朗、伊拉克等国家。于是，OPEC中的阿拉伯国家决定联合起来对西方实施石油禁运，借此反击欧美国家对以色列的支持。而当时欧美正处于极度依赖石油的高速通货膨胀期，油价直接涨到4倍，在两个月内从每桶15美元涨到了每桶60美元（均为经过通货膨胀调整后的价格）（图9-3）。

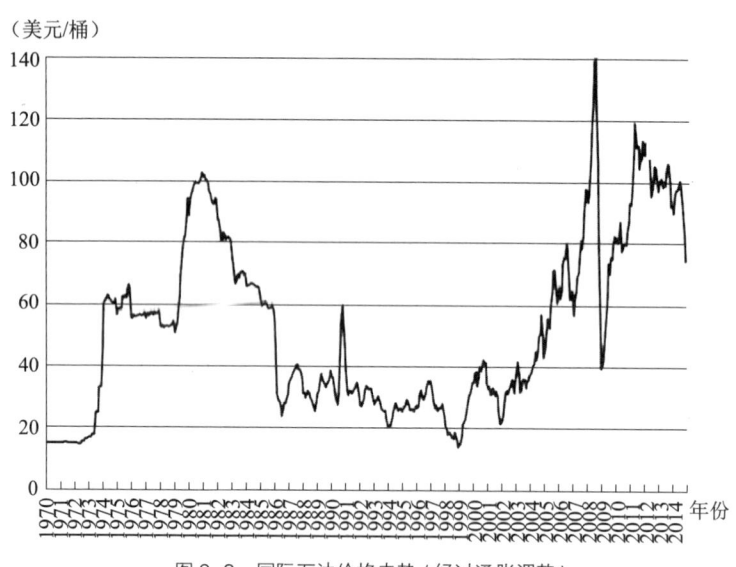

图9-3 国际石油价格走势（经过通胀调整）

来源：Bloomberg

第一次石油危机爆发。

在这段时间里，伊拉克、科威特、委内瑞拉和沙特都凭借OPEC日益增强的话语权，陆续将本国石油国有化。伊朗则在

1979年爆发了革命，推翻了之前欧美国家扶持的政府和国王，建立了伊斯兰共和国。

10年动荡，"七姐妹"控制中东石油的时代结束了。

两伊战争导致的石油危机

前文说过，美国曾经将大量武器售卖给伊朗，但当伊朗不再站在美国一边的时候，这些原本用来制约苏联的军火便成为美国人心中的"定时炸弹"。在各方势力的作用下，两伊战争爆发。

伊朗和伊拉克两个产油国在1980—1988年间的战争再次导致石油供给量的减少。伊朗的石油产量从战前的每天600万桶骤降到每天150万桶。石油价格在1980年再次翻倍，从每桶不到70美元飙升到了每桶140美元。第二次石油危机爆发。

短短十年间，两次石油危机对全球经济影响巨大。

石油价格上涨带动商品成本上涨，导致了全球性的通货膨胀。美国的通货膨胀率一度飙升到13.5%，英国和日本甚至超过了20%，冲到了二战之后的最高点。为了应对石油短缺，英国和美国甚至采取一些极端的措施来限制石油使用量，例如在高速公路上限速等。加油站前经常排着长队，航空公司削减航班，很多工厂被迫关闭。

除了一些没有打仗的产油国（如沙特）（图9-4），在1974年至1980年间，全球经济基本都在衰退。

(单位：十亿美元)

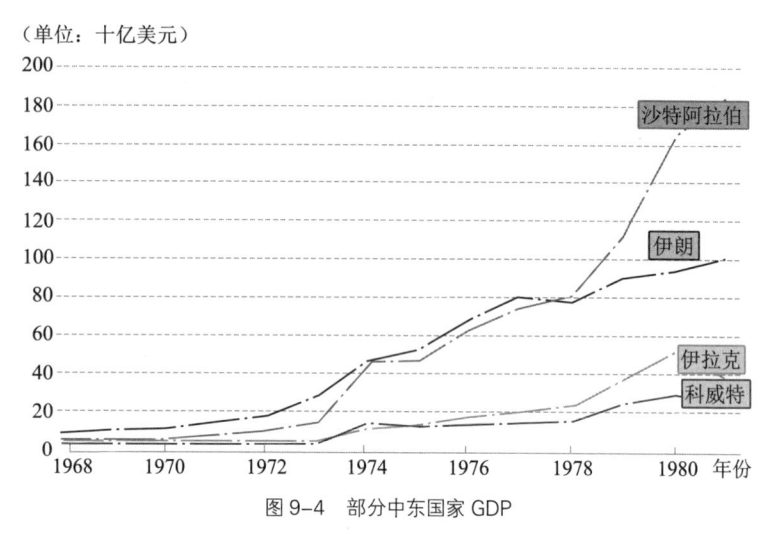

图 9-4　部分中东国家 GDP

来源：世界银行

减少对 OPEC 的依赖：西方各国寻求出路

两次石油危机让西方各国开始采取措施，逐步减少对 OPEC 的依赖。

比如不再依靠石油发电，转而采用天然气、核能等能源发电，甚至重新开始投资煤炭产业。各国政府投入了数十亿美元研究能够代替石油的能源。

图 9-5 是全球石油消耗量。尽管经济、科技都在高速发展，但 1980 年前后，全球对石油的需求呈下降趋势。

同时，各国开始大力开发新的油田，在欧洲北海、美国阿拉斯加、墨西哥、加拿大等地都发现了大量的新油田。

非 OPEC 成员国在这一时期的石油产量持续上涨。

图 9-5 全球石油消耗量

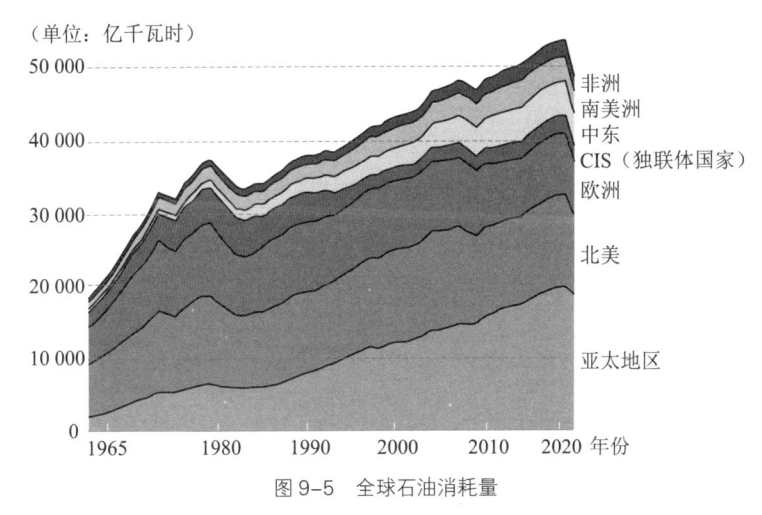

来源：Statistical Review of World Energy - BP (2021)

需求的减少配合其他地区供给的增加，使得油价很快开始回落，1982 年已经跌到了每桶 80 美元。

沙特的复仇：投放大量廉价石油

眼看油价下跌，沙特立刻召集 OPEC 成员国开会，要求各国减少生产、提高油价。但这次没有获得其他成员国的支持，大家没有将 80 美元视为低价，选择继续生产。只有沙特自断产量，1985 年的石油产量只有 1979 年的 1/3。减产不够，油价继续下滑，在 1985 年时跌到了每桶 72 美元。

沙特开始报复性地向市场投放大量廉价石油。1986 年石油价格腰斩，跌到每桶不到 30 美元！这样一来，其他国家，尤其是生产成本高的国家就完全无法盈利了。

财政平衡油价

图 9-6 中，英国的石油成本每桶高达 44.3 美元。委内瑞拉虽然石油储量世界第一，但每桶成本也高达 27.6 美元。最右侧三个国家则分别是伊拉克、沙特和伊朗，每桶成本才 10 美元左右。

中东国家的产油成本非常低，一方面是因为石油纯度高，另一方面是因为开采运输等设施齐全。

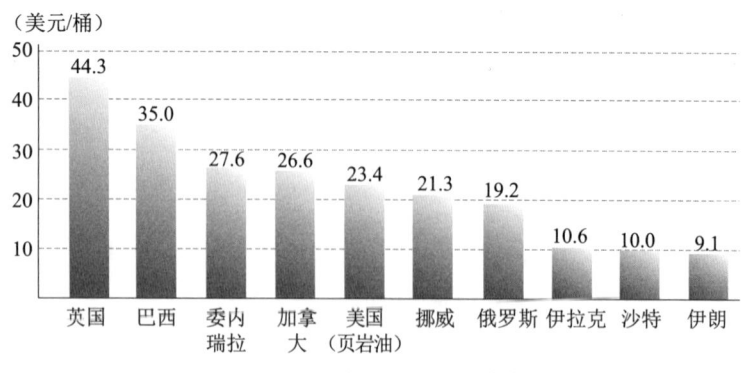

(美元/桶)

英国	44.3
巴西	35.0
委内瑞拉	27.6
加拿大（页岩油）	26.6
美国	23.4
挪威	21.3
俄罗斯	19.2
伊拉克	10.6
沙特	10.0
伊朗	9.1

图 9-6　2016 年不同国家的石油成本

来源：《华尔街日报》

但这并不意味着只要每桶石油价格高于 10 美元，这些国家就能赚钱。因为对中东国家来说，石油出口占据总出口的 90% 以上；而石油之外的产业则大都需要进口，需要花钱。要想长久地维持下去，需要赚的钱比花的多。因此，对于严重依赖石油出口的国家，我们不仅要关注石油的开采成本，还需要关注能够让它们达到收支平衡的石油价格，即财政平衡油价（Fiscal Breakeven Oil Price）。

图 9-7 中，伊拉克的财政平衡油价为每桶 62.5 美元，沙特为每桶 86.5 美元，伊朗则高达每桶 155.6 美元。

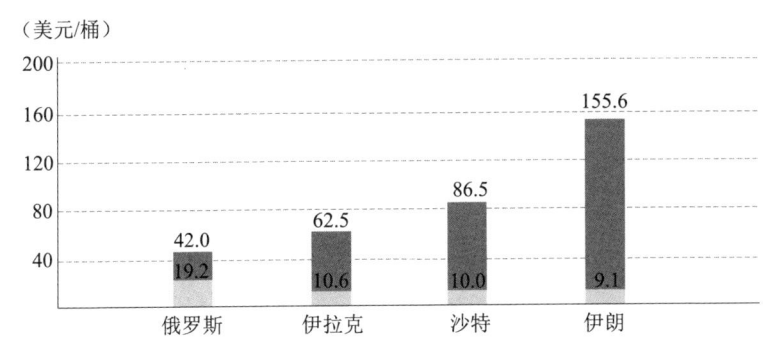

(美元/桶)

国家	财政平衡油价	开采成本
俄罗斯	42.0	19.2
伊拉克	62.5	10.6
沙特	86.5	10.0
伊朗	155.6	9.1

图 9-7 2019 年各国财政平衡油价（下方数字为开采成本）
来源：美国能源信息署

现在来看，1986 年的沙特疯狂加产，把油价降到每桶 30 美元，其实是一种"杀敌一千，自损八百"的策略。好在这次降价暂时威慑住了其他原油输出国，大家又开始遵守 OPEC 协议，一起限制产量来提高石油价格。沙特在 OPEC 中的老大哥地位也得到了稳固。

混乱时代（1990 年至今）

石油与海湾战争

我们再回到伊拉克和伊朗。8 年两伊战争让两个国家劳民伤财。伊朗无法再获得西方国家的经济支持，GDP 一落千丈。而伊拉克也欠下了超过 400 亿美元的外债，但军事实力大幅提升，当时号称"全球第四"。

伊拉克南边有一个小国科威特，别看国土面积小，其实它富得流"油"，而且正是伊拉克的债主之一，伊拉克欠它的债务有150亿美元之多！1990年8月2日，伊拉克突然武装侵占了科威特。之后，美国和伊拉克多次谈判未果，5个月后，1991年1月17日，多国部队发起"沙漠风暴"行动，以压倒性的优势把伊拉克军队从科威特赶了回去，萨达姆撤军的时候还不忘将科威特超过600个油井点燃，而这场大火直到两个月后才逐渐被扑灭。

这就是海湾战争。

之后，联合国恢复了科威特的主权，并对伊拉克实施了严厉的经济制裁，伊拉克的经济也从此一蹶不振。

海湾战争让两次石油危机后1987—2000年一直低迷的油价短暂上涨了一下。OPEC多次尝试减产，起到的作用都非常有限。

中国对油价的影响

但2000年以后，国际油价突然开始一路上升。在2008年居然涨到了每桶147美元，堪称历史最高油价。这是为什么呢？

油价短期上涨的原因有很多，比如海湾战争的爆发、OPEC联合减产等。但真正促使油价在10年中持续上涨，让这些石油输出国大赚一笔的根本原因其实是——中国石油需求量的增加！

2001年12月，中国加入WTO（世界贸易组织），GDP开始一路飙升。

而随着中国GDP一起飙升的，还有对石油需求量的增加。

图 9-8 是不同经济体的石油消耗量对比图。

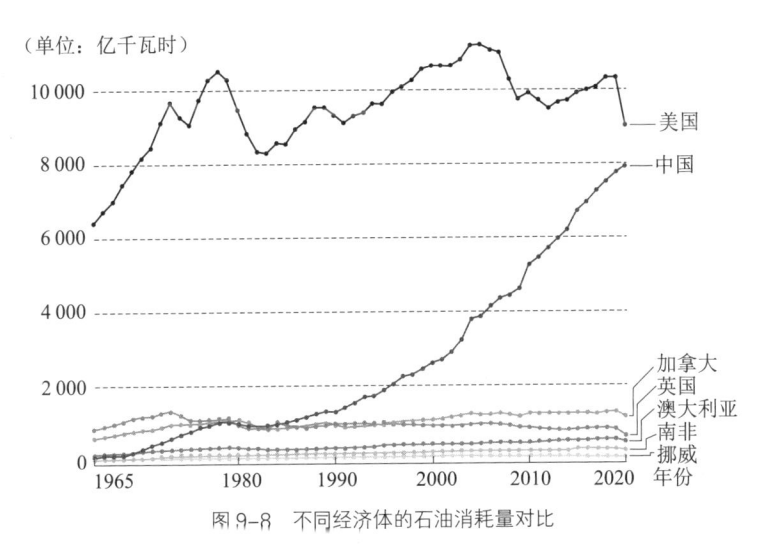

图 9-8　不同经济体的石油消耗量对比

来源：Our world in Data

水力压裂法横空出世

2008 年，次贷危机爆发，由于全球性经济危机带来的风险，油价从每桶 140 美元暴跌至每桶 32 美元。OPEC 再次通过减产控制油价，这已经是它的常规操作。同时，随着出现全球性经济衰退的可能性逐渐消散，油价很快反弹到了每桶 80 美元左右。

此时，一股新力量的介入彻底搅乱了整个石油市场的格局——美国研究出了水力压裂法（fracking）来开采石油。

在此之前，钻油井就是钻到地下后找到集中的石油区，然后像吸管一样将石油吸出。但这种集中石油区非常稀少，更多的石油都分散在地壳坚硬的页岩层里。而水力压裂技术，可以在钻到地下页岩层后，横向延伸几百甚至上千米，然后高压注入特殊的液体，再把岩石中分散的石油和天然气提取出来。

水力压裂法的开采成本虽然不像中东国家可以低至每桶10美元，大约为每桶30多美元，但相对来说也不算高。更关键的是，这种技术可以将原来无法提取出来的页岩石油提取出来，而页岩石油的储量远大于传统的原油储量。比如美国目前发现的普通石油储量是438亿桶，但是页岩油据估算超过2万亿桶，约是普通石油储量的50倍。凭借着水力压裂法技术，美国的石油供给从2008年的每天500万桶飙升到了2013年的每天1 300万桶，美国一下从石油输入国变成了石油输出国，产油量迅速上升（图9-9）。

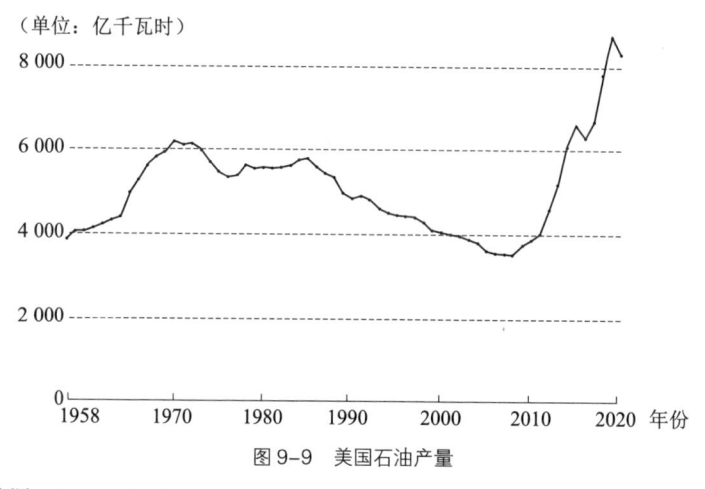

图9-9 美国石油产量

来源：Our world in Data

美国的技术革新打破了石油市场原有的平衡，引起了沙特的不满，于是它带着 OPEC 再次试图通过增产石油来打压油价，这次还拉着俄罗斯也一起加入。这时 OPEC 中的小国已经有些跟不上节奏了，油价太低它们实在是赚不到钱。但沙特并不理会这些，为了抢夺市场份额挤掉美国应用水力压裂技术的公司，依然开足马力生产石油，毕竟中东国家生产石油的成本还是比水力压裂技术生产的石油低得多。这导致油价在 2015 年降到了每桶 50 美元，全球石油产能严重过剩。

但美国的石油商们并没有停下脚步，而是继续增产，在 2017 年美国甚至超过了沙特和俄罗斯成为全球第一大石油生产国（图 9-10）。

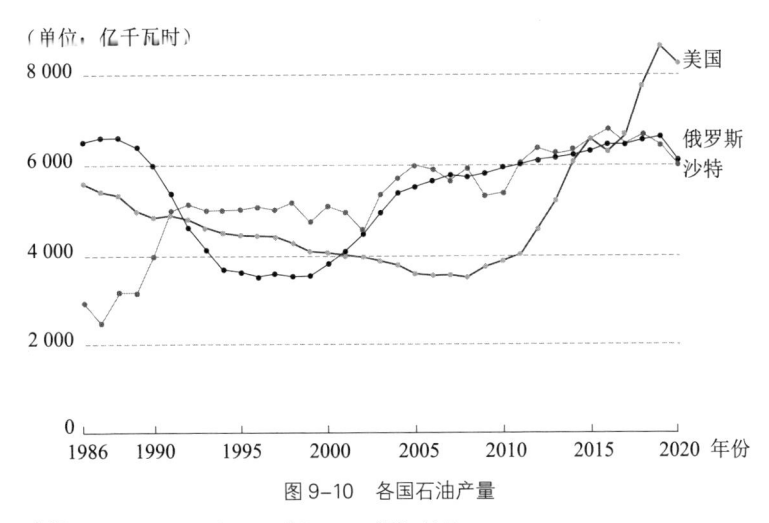

图 9-10　各国石油产量

来源：Energy Institute Statistical Review of World Energy

如图 9-11 所示，2021 年各国石油总产量每天约为 1 亿桶。

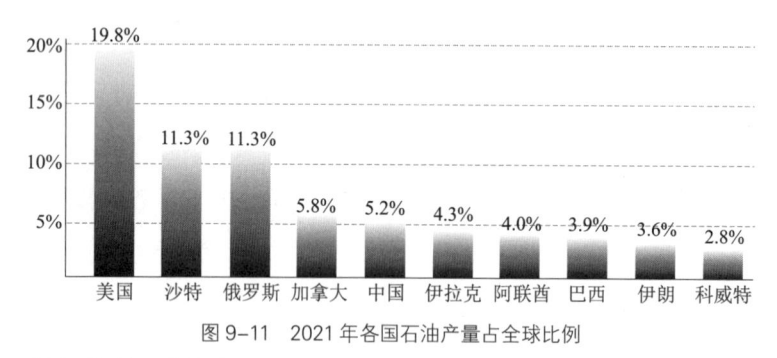

图 9-11 2021 年各国石油产量占全球比例
来源：美国能源信息署

第一梯队中，美国约占 20%，沙特和俄罗斯各约占 11%。

OPEC 整体的产量大概占全球的 44%，石油储量占全球的 82%。

全球变暖：石油时代结束了？

搅乱石油市场格局的，除了水力压裂技术，还有一股更大的力量。从 20 世纪初开始，人们已经意识到了石油的过度消耗会对环境不利，石油燃烧会排放大量二氧化碳，进而导致全球气候变暖。但直到 2010 年之后，人们才开始严肃讨论这个问题。

过去的 200 年中，全球气温升高了超过 1 摄氏度，并可能会在 2030 年升高 1.5 摄氏度。

全球变暖的严重后果已经被大部分国家认识到，它们开始采取积极的措施使全球变暖的速度慢下来。

2015年12月，全球超过150个国家和地区签署了《巴黎协定》，共同努力将全球气温上升幅度控制在1.5摄氏度之内，也由此提高了化石能源向清洁能源的转型速度。

图9-12表示的是全球每1 000美元GDP产生背后的石油使用量，该指标可以用来衡量经济发展对石油的依赖度。由此可以看到，在1973年第一次石油危机后，这个数值就开始下降。

沙特前石油部长说过一句非常有哲理的话：石器时代的结束不是因为石头不够了，而石油时代也会在石油远没用完的时候就结束。

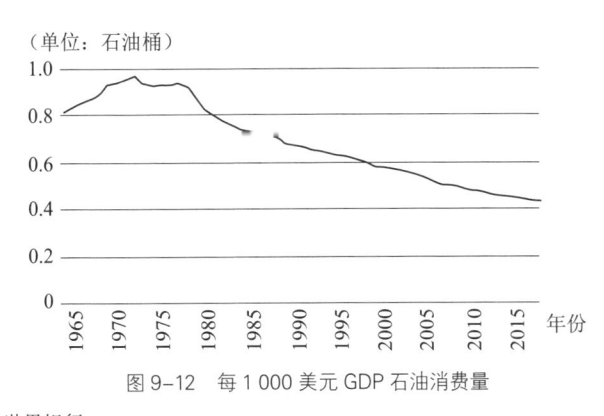

图9-12 每1 000美元GDP石油消费量

来源：世界银行

OPEC＋时代

最近10年，中东国家面临着越来越难以掌控国际油价的窘境。一边是美国的产油实力越来越强，对石油市场份额虎视眈眈；另一边是各个国家都在努力减少其经济发展对石油的依赖。

沙特只好求助其他非 OPEC 成员国，比如俄罗斯。2016 年 11 月，OPEC 再次召开会议达成了减产协定。但这次会议相较于之前，其实是一个历史性的时刻。因为不光有 OPEC 成员国参加，还有包括俄罗斯在内的 11 个非 OPEC 成员国也宣布共同减产。这个新团体被人们称为"OPEC＋"。

一个新的"卡特尔"由此诞生。但即便达成减产协定，这次油价也并没有像大家期望的那样大幅上涨。

2020 年，新冠疫情暴发，转瞬间，全球的汽车、工厂、飞机制造企业倒闭的倒闭、停工的停工。石油需求量自然也大幅萎缩。沙特赶紧与俄罗斯商量减产控制油价，而且还特别有诚意地自己先大量减产。可另一边的俄罗斯却并没有减产，反而在偷偷增产并且降价。1986 年的历史再次上演，沙特在愤怒之下干脆大量增产，与俄罗斯展开了石油价格战，油价一度跌到了每桶 20 美元。很快，俄罗斯受不了降价的冲击，短暂的价格战结束，OPEC＋再次达成协议一起减产。

2022 年，欧美国家因俄乌冲突对俄罗斯发起制裁，限制其化石能源出口，这使得油价再次飙升到每桶 120 多美元。欧美又处于发生通货膨胀的边缘。20 世纪 70 年代发生的石油危机好像马上就要重现了。

果然，欧美通货膨胀率飙升，美国和欧洲国家央行立刻开始加息调控。国际货币基金组织 1 月还预测 2022 年全球经济增速可达 4.4%，欧美通胀发生后则立刻下调到了 2.9%，如此大的调整幅度，仿佛儿戏一般。

美国也因通货膨胀开始着急，俄罗斯正被自己制裁，于是只能去找沙特，希望 OPEC 可以增产。但沙特不想一直被西方国家牵着鼻子走，之前油价太低 OPEC 提出减产的时候欧美国家都不响应，要发生石油危机了，又来让 OPEC 增产。而且根据之前的经验，这次石油短缺很可能也只是暂时的，没必要盲目增产。再加上他们也不希望随便把自己好不容易拉来的新盟友俄罗斯惹急了，于是沙特迟迟不答应增产，美国也只好继续劝说。

随着油价暴涨和美股暴跌，沙特阿美石油公司（Saudi Aramco）一度超过苹果公司成为全世界市值最高的上市公司。

OPEC + 是卡特尔吗？

从"七姐妹"到 OPEC 再到 OPEC +，石油市场的竞争越来越激烈，也越来越开放，卡特尔的垄断性越来越弱。

当年的"七姐妹"可以通过提前商量好的股份严格限定每个成员的责任和利益，但到了后来的 OPEC 和 OPEC +，各成员之间在生产、经营和财务上都是独立的，很难做到有效监督。一旦有人不守约定，沙特只能用两败俱伤的方式进行警告。因此，OPEC + 到最后已经无法再对石油价格产生重大影响了。

很多经济学家都认为 OPEC+ 不能被称作卡特尔，或者说，它是无效的卡特尔。

结语

虽然能源在转型，但当代经济对石油的依赖度还是很高的。很多机构预测石油的消耗量要到2035—2040年才会达到峰值，然后才开始下降。

所以，在可预见的相当长的一段时间里，石油依旧会是世界经济的焦点，中东也依然会处于举足轻重的地位。

持续了百年的石油之"战"还远远没有结束。

第十章 俄罗斯

独一无二的俄罗斯经济

导　语

说到政治、军事，没有人敢小瞧俄罗斯，毕竟它拥有全世界最大的国土面积和数量众多的核弹储备。但一说到经济发达国家，俄罗斯就被排除在外。短短半个世纪里，这个国家把政治动荡、恶性通胀、寡头、战争、政府违约、经济危机、激进改革等每个单独拿出来都会对一国造成重创的事件全经历了！

本章中，我们将以俄罗斯发展历程的重要事件为线索，为大家梳理错综复杂而又独一无二的俄罗斯经济。

苏联时期的国民经济

要想了解俄罗斯经济，一定避不开苏联时期的计划经济。这里，简要回顾苏联的经济发展状况。

俄历1917年2月（公历为1917年3月），沙俄爆发二月革命，迫使沙皇退位，出现俄国临时政府与苏维埃政权并立的局面；俄历1917年10月（公历为1917年11月），列宁领导的布尔什维克党武装向资产阶级临时政府所在地发起总攻，推翻了临时政府，建立了苏维埃政权；后经过多年内战，1922年，苏联诞生；1924年，斯大林成为苏联的最高领导人。为了迅速实现国家工业化，斯大林逐步废除了列宁的"新经济政策"，转而推行了"斯大林模式"，苏联开始全面实行计划经济。

从此，国家的所有资源，包括生产和消费等，都要按照中央的指令来分配。比如某地出现紧急情况，需要援助，中央就会调拨一些物资；某地计划发展重工业，需要工人，中央就调一拨人过去。这样的经济模式，完全不需要花费时间等待市场自行调节。在整个经济需要大规模改革且方向明确的情况下，计划经济的效率极高。

而当时工业化、现代化严重不足的苏联正好就处于这种情况之中。于是，在斯大林先后提出的三个"五年计划"阶段，计划经济可谓效果拔群，苏联迅速从一个落后的农业国家变身为工业大国。图 10-1 是苏联的人均 GDP，从 1920 年到 1940 年，苏联人均 GDP 增长了 3 倍多。与此同时，在 20 世纪 30 年代，美国连带着西方国家却在经历严重的大萧条。

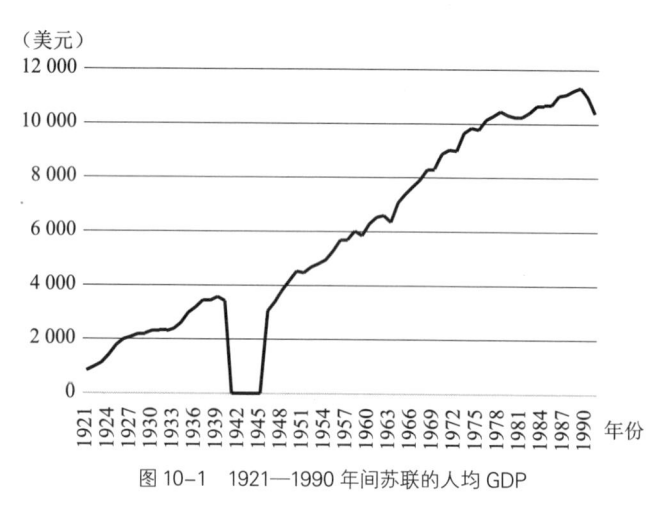

图 10-1　1921—1990 年间苏联的人均 GDP

来源：Maddison Project Data

在这里，我们仅从经济发展的角度来评价，斯大林确实把苏联的经济带到了一个新高度。再加上二战之后苏联的国际地位也得到了极大的提升，经济形势一片大好，高速增长的局面一直持续到了 20 世纪 60 年代。

不过，没有哪一种经济政策是只有利而没有弊的，随着苏联的经济情况逐渐稳定、产业结构越来越复杂，中央统一计划调控的弊端就开始显现。从20世纪60年代开始,缺少市场调控的苏联经济越来越混乱,这样一个泱泱大国,中央不可能做到面面俱到,把所有事情都计划得井井有条。不仅如此,计划经济带来的高度集权还会产生另一个问题:权力集中、领导指哪儿打哪儿,自然会给腐败滋生提供适宜的土壤,进而导致各个企业的创新动力严重不足,苏联经济开始停滞不前。读到这里,大家会不会想到印度的许可证制度?历史总是惊人地相似。

1964年到1985年间,苏联经济陷入"停滞时期"。图10-2是苏联人均GDP和美国人均GDP增长情况对比,虽然苏联的人均GDP仍有增长,但放在全球技术和经济发展的大背景下,就能明显看出苏联的"停滞"了。不仅如此,这个时候的苏联还要面临着"冷战"的加剧,由图10-3可以看到,苏联每年都需要投入巨额军费。

图10-2 美国和苏联人均GDP

来源:Maddison Project Data

（单位：十亿美元）

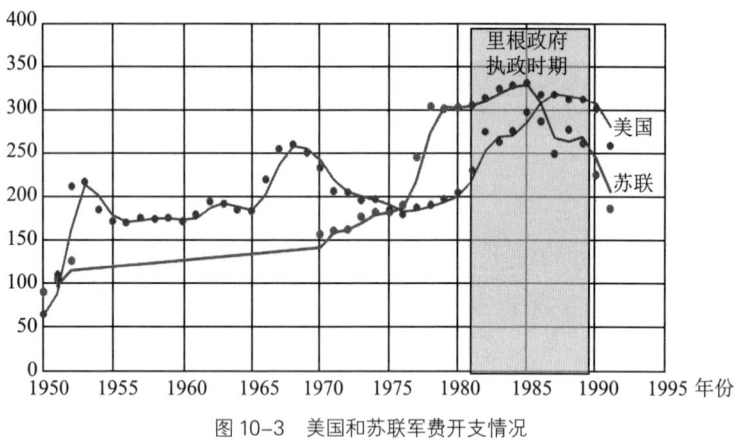

图 10-3　美国和苏联军费开支情况

来源：Nintil

苏联政府债台高筑，民生供给能力严重不足，很多民众不得不每天花几个小时排队购买食物。

1985 年，戈尔巴乔夫上台。为了迅速改善国内的经济状况，他决定同时从两方面对苏联进行激进的全面改革。第一个措施是重组（Perestroika），在政治和经济上都全面推进，放开中央对商品定价和一些产业的绝对控制权。第二个措施是开放（Glasnost），其实就是大力加强政府治理的透明度，打击腐败，并且放开对民众的舆论控制。①

总之，戈尔巴乔夫本意是希望通过这两方面的改革减弱苏联的高度中央化，进而激活苏联经济，但苏联却以一种令人意想不

---

① Perestroika 和 Glasnost 这两个英文单词其实是从俄语音译过来的，在戈尔巴乔夫之后变成专有名词了。

到的方式彻底告别了它的中央集权时代——1991年12月，苏联正式解体。

寡头垄断时期

休克疗法是俄罗斯经济的良药吗？

我们先来看看1991年各国的GDP情况。根据世界银行的数据，美国的GDP为6.2万亿美元；俄罗斯[①]大概是5 200亿美元；中国是约3 800亿美元。换句话说，曾经在二战中击退了德国，苏联时期能跟美国分庭抗礼的俄罗斯，此刻的GDP只有美国的约1/12，比改革开放初期的中国高不了多少。

俄罗斯的第一任总统是叶利钦，他是一个比较激进的人。有人评价说他和特朗普的性格非常像，说话横冲直撞，而且还敢说敢做。

叶利钦当时非常热切地希望俄罗斯经济能够尽快复苏，他的经济理念是很贴近西方的，倾向于市场自由、政府极少干预的体系——新自由主义（Neoliberalism）。

其实，新自由主义经济政策最早是在苏联解体前两年，即1989年由世界货币基金组织、世界银行和美国财政部联合推出的，当时主要是用于指导拉丁美洲的一些国家进行经济改革。因为这套政策是在华盛顿讨论出来的，所以也被称为"华盛顿共

[①] 1991年12月26日，苏联最高苏维埃共和国院举行最后一次会议，宣布苏联停止存在、正式解体，俄罗斯成为苏联的唯一继承国。

识"。其主要思想通俗来讲就是政府不要过多干预,不管是利率、货币、贸易还是土地,都尽量减少监管,而且这些资源也不要垄断在国有企业手里,一切交由市场决定。

虽然这套东西本来是给拉美地区使用的,但叶利钦看了非常喜欢。在他看来,美国的经济发展良好也跟这种新自由主义的理念有关,而如今的俄罗斯缺乏活力就是因为经济的底层逻辑还遗留着苏联时期留下的计划经济思想。所以,叶利钦下定决心要大力推进市场化转变、搞自由经济。

当然,他也知道,这种转变的幅度是非常大的,基本上是从一个极端走向另一个极端,即使循序渐进,中间也可能会出现各种问题导致改革失败,从而使经济变得更差。那不如干脆放弃过渡,也不考虑如何实现经济的软着陆了,怎么直接怎么来!比如放开价格管制、放开进出口、实行利率市场化、将国有企业私有化等等。

而这套做法,也被人们称为"休克疗法"。就像武侠片里身受重伤的大侠,为了使身体尽快恢复过来,干脆把全身的经络打断,再等它重新长好。

不要小瞧这套听起来有些激进的经济政策,它其实是有成功先例的。1985 年,玻利维亚也曾经历过高速通胀,当时新上任的总统便采用了这种激进政策,最终成功抑制了通胀。1989 年,波兰在从计划经济转向市场经济的过程中也采取了类似的休克疗法,虽然经历了一段经济混乱衰退的时期,但很快就走上了正轨,也算是一个成功案例。

只是，俄罗斯是世界上国土面积最大的国家，其情况远比那些中小国家复杂，在这样的情况下，休克疗法真的能"治"好俄罗斯的经济吗？

休克疗法的最大恶果：寡头形成

由于价格管控突然放开，再加上俄罗斯政府为了偿还苏联的债务又借了很多新债，俄罗斯陷入了恶性通货膨胀的泥潭。1992年，俄罗斯的通货膨胀率高达2 500%，购买同样的一杯牛奶年初可能只要10卢布，年底就需要250卢布了。而在接下来的7年里，俄罗斯的失业率也从不到5%飙升到了14%，GDP总量则几乎腰斩。与此同时，美国和中国的经济都在飞速发展，到了1998年，俄罗斯的GDP大约只占到美国的1/15。

而这些还不是休克疗法最严重的后果。

实际上，恶性通胀也好，失业率上升也好，都在叶利钦和经济学家的预料之中，被他们视作俄罗斯向市场经济转型必须经历的阵痛。只要挺过这个阶段，俄罗斯就能用最短的时间变身成一个市场自由、经济发展充满活力的国家，经过短暂黑暗之后的未来应该会一片光明。

可结果往往不尽如人意，这次的休克疗法真的让俄罗斯的经济彻底陷入了"休克"。甚至其中一个不良后果，直到今天还在影响着俄罗斯经济的发展，那就是休克疗法中"将国有企业私有化"这一政策。

支持俄罗斯民众入股国企，表面上看起来公平自由，但在实际操作过程中却并非如此。大多数的底层普通民众根本没钱入股，无法享受未来企业发展带来的红利；而极少数曾经的权贵阶层，却可以靠着自己的势力和财富，趁机用极低的价格将各大国企占据，让财富在自己手中继续积累。

1996年，叶利钦希望连任总统，参与竞选。但当时因为第一次车臣战争的颓势以及国内一塌糊涂的经济情况，他的支持率很低，民意调查显示他只能在候选人中排到第四、第五的位置，基本上不可能连任。

为了确保自己可以连任，他在1996年初悄悄召集了七位掌控俄罗斯银行业的大佬，与他们达成了一项秘密协议，如果几人可以保证他连任成功，后期在他任职期间，可以对这几位银行家进行相应的政策倾斜。

几个月后，叶利钦居然真的逆转了局势，成功连任。而当时他秘密召集的七个人也从此成为可以操控俄罗斯半边天的"七大寡头"。表面上他们只是银行家，但实际上控制了俄罗斯的银行、矿产、天然气、媒体、石油等几大产业。俄罗斯的经济命脉几乎全部被寡头集团掌握。毫不夸张地说，连总统叶利钦想做什么都需要看他们的脸色。

虽然之后寡头的人选不停变换，到后来也不只有7个人了，还出现了第8个、第9个……但是这种寡头操控经济、影响政治的局面一直笼罩着俄罗斯。它带来的严重后果，主要有以下三点。

首先，遏制竞争、抑制创新。在一个健康自由的市场里，为了争取更大的市场份额、获得更多的利润，大家自然会努力创新，发明新产品、提高产品质量或者降低成本；可在寡头林立的市场里，其他企业几乎没有突破的机会，还没来得及站起来，就被各巨头狠狠遏制了。寡头集团的首要目标也不是创新和发展，而是保住自己的垄断优势，避免竞争者挑战自己在行业中的垄断地位。

其次，腐败严重、黑帮盛行。商政纠葛带来的严重腐败，已经被叶利钦本人证明。各大寡头因为自身的特殊地位，在发展时就不再那么守规矩，干脆采取不光彩的手段进行扩张并打压对手，这样做的"效率"明显更高。俄罗斯警察对这些行为也都睁一只眼、闭一只眼。俄语中有个专有名词"krysha"，直译过来是"房顶"，指的就是俄罗斯小商户为了"上边有人罩"而交的保护费。在当时的俄罗斯，大家交保护费就像交税一样司空见惯，做什么小买卖都逃不过交"krysha"的命运。

俄罗斯甚至还出现过两大寡头因为保护费的问题打官司的情况。前英格兰球会切尔西足球俱乐部老板阿布拉莫维奇就和七大寡头之一的别列佐夫斯基公开打过官司，前者状告后者收了自己20亿美元的保护费，却没能帮自己打通能源产业。在我们眼中，这戏剧性的一幕似乎有些匪夷所思，但在俄罗斯，却是真实发生的。

总之，出现这样的局面，已经完全和俄罗斯当初从计划经济转向市场经济的目的背道而驰了。

最后，也是最严重的一个问题——贫富差距加大。

据统计，当时俄罗斯最富有的98个人合计持有4 210亿美元的财富，比整个俄罗斯国民总存款数还多；而俄罗斯最富有的

10%的人，拥有俄罗斯89%的财富，这还只是官方公布的数据，实际情况只会比这更夸张。

经济学家一般会用基尼系数来衡量一个国家的贫富差距。基尼系数的范围为0~100%，0的意思是这个国家所有人的财富都一模一样，100%则是指所有财富都集中在一个人手上。所以这个数字越低说明一个国家的贫富差距越小。这样看来，俄罗斯的基尼系数还不得有个七八十？实际上，根据世界银行的计算，1999年，英国的基尼系数为36.8%，美国的基尼系数是40%，而俄罗斯的基尼系数是37.4%。

这并不意味着基尼系数是骗人的，主要是统计上出现了偏差。首先，它排除了所有的灰色交易，但俄罗斯富豪之间的交易很大一部分都是在"桌子底下"进行的。其次，基尼系数统计的是国内收入，而俄罗斯富豪的很多资产已经被转移到海外。20世纪90年代初，俄罗斯刚刚经历了高通胀和极不稳定的政治环境，有钱人见状就把大量资产转移到了海外，甚至干脆就在海外进行交易。据估算，在2015年，俄罗斯富豪在海外的私有资产已经达到了8 000亿美元，相当于俄罗斯GDP的2/3。

比如纽约曼哈顿中央公园外围最贵的地段，就有很多房产属于俄罗斯富豪。曼哈顿的房产交易本身就是公开的，虽然富豪们会通过建立环环相套的有限责任公司的方式隐藏实际购买人，但还是有媒体扒出了不少背后买家。比如我们前文提到的阿布拉莫维奇，就在这里有总价超过1亿美元的几处房产。

从这里，我们也能发现俄罗斯的资产外流情况极其严重。而根据瑞信银行报告的估算，算上这些境外资产，俄罗斯可能是世界主要经济体中贫富差距最大的国家之一。

贫富差距加大也意味着社会动荡加剧，自1990年到2000年，10年之间，俄罗斯的死亡率也从11.2‰升至15.3‰。

缺少创新、生产力萎缩、政府腐败、黑帮盛行、贫富差距加大……这些问题叠加起来，俄罗斯的经济越来越差。火上浇油的是，1998年，亚洲金融危机爆发，俄罗斯也受到了冲击。再加上俄罗斯内部政治环境的动荡，投资者们纷纷逃离俄罗斯金融市场，俄罗斯的国债和卢布开始被大量抛售，利率飙升，卢布面临极大的贬值压力。

1998年8月17日，俄罗斯政府终究是撑不住了，宣布国债违约，并让卢布贬值。自此，俄罗斯金融危机爆发。

普京时代

经济发展的黄金期

1999年12月31日，新千禧年前一天，"晚节不保"的叶利钦在任期仅剩下6个月的情况下辞职，将总统之位交给了普京。自此，俄罗斯进入了"普京时代"。

俄罗斯的经济机器突然就重启运转起来了。接下来的近10年间，俄罗斯的GDP增速几乎保持在5%以上（图10-4），人均GDP也从1999年的不足2 000美元涨到了2008年的10 000美元。失业率从13%回落至6%，工业生产增长了75%，投资增长了 125%，平均工资翻了 8 倍，消费者信用扩张了 45 倍，贫困人口占比从 30% 降到了 14%。

图 10-4　俄罗斯 GDP 增速

来源：世界银行

这就不禁让人疑惑，普京到底做了什么，能一上台就让俄罗斯的经济发展冲进快车道，甚至都不需要缓冲期？

诚然，普京上台初期为推进俄罗斯的经济市场化发展做出了很多努力，比如调整收入税、降低企业税、减少政府监管等等，这些都让俄罗斯普通民众的生活水平显著提高。前两年俄罗斯卢布大幅贬值，也使俄罗斯的出口极具竞争力。

但笔者个人认为，这些都不是俄罗斯经济发展较好的最主要原因。真正的原因藏在图 10-5 中——时运。图 10-5 中，深色线是石油价格的走势变化，浅色线是俄罗斯的 GDP 变化，不难发现，两者的相关性极高。如果没有石油价格的上升，俄罗斯经济或许会好转，但肯定无法恢复得如此迅速。

图 10-5 国际原油价格走势与俄罗斯 GDP 走势对比

来源：世界银行，Bloomberg

那么问题来了，为什么俄罗斯的 GDP 会和油价有这么高的相关性呢？这就不得不提到俄罗斯的能源优势了。

俄罗斯的天然气储备全球第一，石油产量全球第三，每年化石能源出口量达到上千亿美元的规模。2011—2014 年，政府有超过一半的财政收入来自化石能源。

简单来说，像中东地区的很多国家一样，俄罗斯有着得天独厚的资源优势。所以油价越高，俄罗斯作为化石能源出口大国就赚钱越多。苏联后期的经济发展停滞，其实也跟当时国际油价低迷有关。1985 年，国际油价在 82 天内骤降了 66%，之后 OPEC 全力开采等原因致使油价一直萎靡不振。而 2000—2008 年则正值全世界经济飞速发展的黄金时期，全球石油需求大幅增加，油价也稳步上涨，从1998年的不到15美元每桶涨到了2008年的超过100美元每桶。

国家经济大幅好转，国民信心也因此增加，从而信用扩张、投资增加，经济就开始了良性发展。

有了如此巨大的天然优势，再加上俄罗斯的1.5亿人口及苏联时期留下来的工业基础，很多经济学家都预测俄罗斯将会崛起成为超级经济大国。

遗憾的是，俄罗斯没能利用这段黄金时期解决前期经济发展的各种问题。

普京上任之后，俄罗斯更换了一批新寡头，他们管理着各大半国有化的巨头企业。

如此，前文两次提到的阿布拉莫维奇，就是后来成长起来的新寡头，才有实力买球队、买豪宅、跟老寡头打官司。

2015年时，在普京的铁腕政策下，俄罗斯经济超过一半的体量都通过这些"听话"的寡头掌握在政府手中，进一步巩固了俄罗斯的寡头格局，而且现在的寡头比之前和政府联结得更加紧密。这种局面通常被称作"裙带资本主义"。我们前几章聊过的日本的财团、韩国的财阀控制国家经济，也都多多少少有些裙带资本主义的影子。

寡头格局不改，国内的贫富差距情况自然也没有得到改善，反而进一步加剧。

另一方面，俄罗斯也没能在赚到钱之后及时优化自己的产业结构。虽然GDP快速增长，但整个国家对化石能源出口的依赖实际上是进一步加强了。

经济发展伴随危机

油价不会永远上涨。2008年全球金融危机导致油价暴跌，金融市场崩溃，双重打击让俄罗斯再一次陷入了金融危机。接下来几年油价起起落落，俄罗斯的经济也跟着坐上了过山车。

2014年，油价再一次暴跌。再加上这一年俄罗斯因为克里米亚问题被西方国家联合制裁，俄罗斯经济再一次遭受重创。根据国际货币基金组织的统计数据，2014年到2018年，西方制裁使俄罗斯GDP平均每年遭受约0.2个百分点的损失。为了应对西方制裁，俄罗斯也先后采取了进口替代、扶持受制裁企业、去美元化等措施。

2022年2月24日，俄罗斯对乌克兰发起特别军事行动，俄乌冲突爆发。美国和欧洲再一次对俄罗斯进行了非常严厉的经济制裁，包括冻结俄罗斯海外资产、冻结俄罗斯央行一大半外汇储备、把俄罗斯从SWIFT（国际资金清算系统）中剔除、限制俄罗斯商品进出口等等。自然，其中也包括围绕能源的制裁与反制裁。

一场近50年来最严重的能源危机即将爆发。

2022年能源危机

老主顾突变"仇敌"

前文提到，俄罗斯是一个非常依赖化石能源出口的国家，而它最大的出口对象正是欧盟。德国有超过 50% 的天然气从俄罗斯进口。欧盟整体对俄罗斯天然气的依赖，也从 2010 年的 26% 上升到了 2021 年的 45%，另外还有 46% 的煤炭、27% 的石油进口都依赖俄罗斯。

虽然自苏联解体，俄罗斯和乌克兰独立之后，两边小纠纷不断，但欧盟还是选择将自己近一半的能源需求依赖从俄罗斯进口。这一方面是因为俄罗斯的天然气干净又便宜，另一方面是因为这么多年下来，两方运输天然气的管道也已经建得差不多了，运输成本非常低，其中几条还特意绕开了与俄罗斯经常发生矛盾的乌克兰，分散了风险。而经济利益之外，欧洲人其实也知道俄罗斯非常需要自己这个大客户，怀着甲方心态的欧盟没么担心俄罗斯有一天会切断对它们的能源供应，双方的博弈一直处于微妙的平衡之中。

直到俄乌冲突发生之后，欧盟宣布对俄罗斯进行严厉的能源制裁，目标是在 2022 年减少 2/3 的对俄罗斯天然气的需求，并在 2027 年完全摆脱对俄罗斯天然气的依赖。

当然，制裁终归只是手段而不是目的。欧盟肯定不是想让自己真的"无气可用"，而是仗着自己是俄罗斯的头号客户，想借此给俄罗斯施压，可结果却事与愿违。

塞翁失马的俄罗斯

经受了这么多的制裁，俄罗斯的经济肯定受到不小的冲击，比如资本外流加剧，贸易环境严重恶化，一些对进口有依赖的产业面临着库存枯竭,等等。但如果只看能源部分,俄罗斯反而是从中大"赚"了一笔。

首先,2021—2022年本身就是全球各地疫情刚刚好转、各国或地区经济复苏的阶段,能源需求量陡增,推动国际油价上升,带来全球性的通货膨胀。美国总统甚至不远万里地亲自跑去中东求沙特增产,全球能源短缺的程度可见一斑。

虽然欧盟和美国放狠话说它们不会再购买俄罗斯的能源,但全球那么多国家,愿意从俄罗斯购买能源的国家不在少数。虽然天然气的运输可能有些困难,但是俄罗斯还有石油!它可是全球第二大石油出口国,出口量仅次于沙特。而且由于制裁的原因,俄罗斯化石能源的价格比当时的国际油价要低一些,这对其他国家而言就仿佛是天上掉馅饼砸到了自己头上一样。

比如中国、印度,甚至连自家油都用不完的沙特也来购入俄罗斯的"廉价"石油。图10-6是2022年中、印两国从俄罗斯进口石油的情况,2月之后都有大幅增加。尤其是印度,直接从0桶涨到了每天近100万桶。中、印加起来已经超过欧洲,成为俄罗斯最大的石油出口对象(图10-7)。

而俄罗斯虽然对石油实行降价策略,但远不是赔本卖油。实际上就当时高油价的大环境来看,俄罗斯降价之后每桶石油也能卖上92.84美元,比前后几年的国际平均油价都要高。

折腾了一年,俄罗斯2022年的油气出口收入达到了11.4万亿卢布,比2021年还增长了28%。

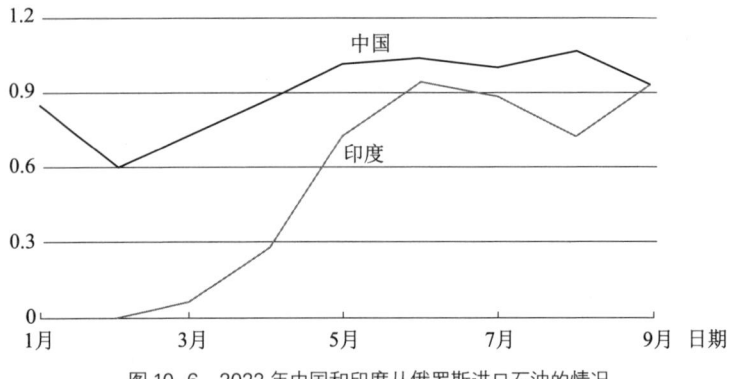

图 10-6　2022 年中国和印度从俄罗斯进口石油的情况

来源：Kpler

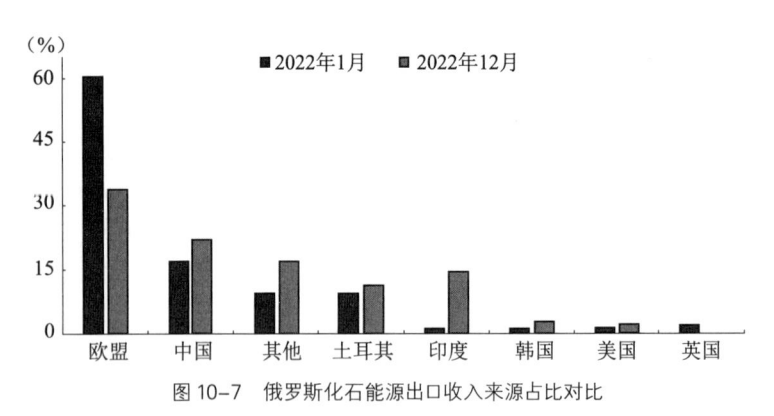

图 10-7　俄罗斯化石能源出口收入来源占比对比

来源：CREA，海通证券研究所

制裁俄罗斯，欧盟怎样应对能源短缺？

在俄罗斯遭受制裁的同时，欧盟的日子也很不好过。先是遇上了欧洲近 500 年来最热的夏天，水力发电和核电站都无法全力运转，急需化石能源支持。虽然这个时候还处在能源制裁的缓冲期内，原则上欧洲各国还是可以向俄罗斯购买天然气的，但最重要的供气管道北溪一号却出了问题，输送量骤降。俄罗斯的天然气公司表示北溪一号需要检修，把对欧盟的天然气输送彻底断掉。暂时停气还不要紧，2022年9月，北溪一号管道被蓄意破坏、发生爆炸。这场爆炸的幕后黑手到现在都没有明确的说法，唯一能够确定的是，这条管道一时半会儿肯定修不好了。

好不容易熬过了夏天，欧洲各国又要面临冬季天然气用量的大幅增加。大家只好想尽一切办法提高能源储备，降低能源消耗。比如重新运转原本要关闭的煤炭电厂以弥补天然气的不足，颁布法案限制企业的空调用量和广告灯光的使用，等等。普通民众也开始购买电暖器、电热毯，积极为过冬做准备。

欧盟还强制性地要求所有成员国，在2022年11月中旬之前，将天然气储气罐装至少80%来应对寒冬。这着实让俄罗斯之外的各大天然气出口国都赚了不小的一笔。比如美国、卡塔尔、澳大利亚等国，都向欧洲地区输送了大量液化天然气，而且价格也不低。法国总统马克龙就曾公开指责美国总统拜登：你们自己的天然气卖得那么便宜，卖给我们却是天价，这是赤裸裸地双重标准啊！美国则表示：我确实挣了不少钱，但经过这次历练，你们不也终于能摆脱对俄罗斯的依赖了！

而以沙特为代表的OPEC＋国家当然也不会错失这个体现自己话语权的机会，当年10月，OPEC＋决定每天减产200万桶石油，以维持石油高价。

能做的都做了，外部环境依然很不乐观，这个时候，欧盟各国也只能寄希望于 2022 年的冬天不要是个寒冬。对欧盟来说幸运的是，2022 年的冬天竟然真的比较暖和。

结语

2023 年，在俄乌冲突爆发一年多以后，欧洲能源危机最糟糕的时刻似乎已经成为过去。温和的天气、需求端的"节衣缩食"、勉强承担得起的液化天然气供应，让欧洲逃过一劫。从 2023 年初开始，天然气期货价格开始下跌，而欧洲从俄罗斯进口的天然气也已经缩减到了原来总供应量的 14%。

可俄乌冲突何时能够结束，目前仍未可知。同样不明朗的，还有依然非常依赖能源出口的俄罗斯经济。大国俄罗斯，将何去何从？

土耳其

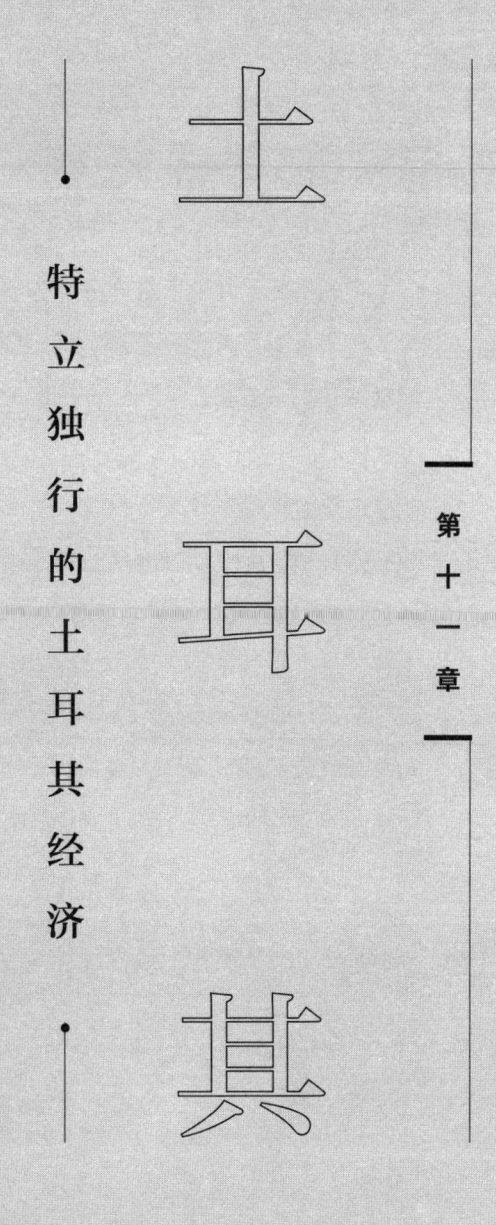

第十一章 特立独行的土耳其经济

导　语

　　不知不觉，我们已经分析了多个国家的经济发展情况，有的国家在光辉时衰落，有的国家从泥泞中逆袭，但总的来说，这些国家的经济政策大多是符合经济学基本规律的。

　　但是，世界上还真就有一个国家不相信经济学，确切地说，是它的一位总统反其道而行之，非要带着这个拥有 8 500 万人口、GDP 排世界前 20 的国家跟主流经济学对着干，把整个国家推向了尴尬的境地。这个国家就是特立独行的土耳其。2022 年，土耳其的通货膨胀率开始突然飙升到超过 80%，其货币一年之内跌了一半，可是其 GDP 却逆势增长 5.6%，整个股市市值增长 3 倍。

土耳其的经济发展背景

高通胀的 20 世纪末

要讲土耳其的经济发展,首先要了解它的经济背景。

二战之前的土耳其比较封闭,经济也是靠自己慢慢发展。

二战之后,北边的欧洲国家开始抱团取暖,经济发展如火如荼,土耳其心里就也痒痒了,三番五次申请加入欧盟,同时本国也向欧洲敞开了投资的大门,允许西欧资本进入。但因为没有适度开放,土耳其政府欠下了巨额外债。

为了还债,土耳其政府无奈选择了下下策——不停印钱,再兑换成美元还债。但屋漏偏逢连夜雨,20 世纪 80 年代的土耳其又遭受了两次石油危机的冲击,导致了居高不下的通胀,通胀率多次冲到了 120% 以上。可以从图 11-1 看出,那些年土耳其的经济非常动荡。

土耳其经济的两大核心问题也由此显现:外债和通胀。这两大核心问题对土耳其经济具体有什么影响呢?我们来慢慢深入。

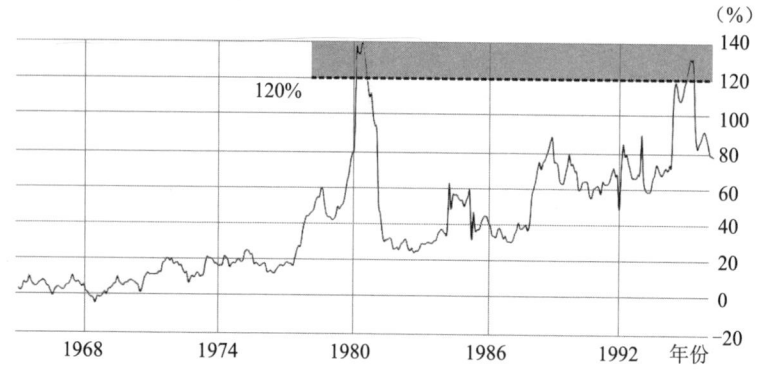

图 11-1　20 世纪 70—90 年代土耳其的通货膨胀率一度超过了 120%
来源：土耳其统计研究所

"改革春风吹满地"的 21 世纪初

土耳其政府慢慢意识到，再这样下去，自己和欧洲各国的差距就会越来越大，是时候进行全面改革、解决通胀问题了！

于是从 1999 年开始，土耳其非常坚决地进行了一系列改革，其中最主要的一点就是把央行从政府中完全独立出来了。

这一点在当代经济体中非常重要。央行本身的权力很大，既可以印钱，又可以控制利率。而如果它完全由政府控制，就很可能变成政府部门自家后院的印钞机。虽然政府表示自己很有定力，但没有规章制度约束，就无法打消市场的疑虑，比如其他国家想来土耳其进行投资和贸易的时候，也会因为央行的不独立而变得顾虑重重。

所以，土耳其政府下定决心将"摇钱树"独立出去，在使央行独立的同时，还规定其不能在一级市场购买国债。政府借钱发债，央行不能直接购买，其实就相当于不让政府直接向央行借钱，这一条规定比美国、日本及欧洲等国的政策都要严格。这次改革之后，政府发行债券必须遵循市场的供需规律。如果市场认为政府有违约风险或者未来高通胀会持续，那么国债的价格就会被压得很低。这无形中给政府很大的压力，要求政府控制好本国的财政状况和通货膨胀率。

土耳其政府在接下来的几年中节衣缩食，削减开支，让债务与 GDP 的比率下降到 30% 以下。我们在之前的章节也提到过，这个比率在 50% 以下就表示一国的经济状况良好，即使德国这么克制的政府，其债务与 GDP 的比率都几乎没下过 60%，可想而知土耳其将这一比率降到 30% 是多么不易（图 11-2）。

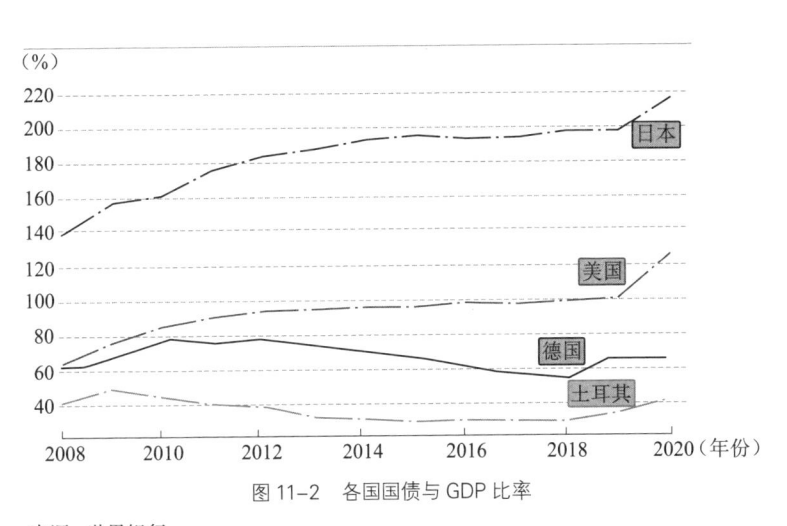

图 11-2　各国国债与 GDP 比率

来源：世界银行

与此同时，土耳其全面放开了金融管制，让里拉自由浮动来调整供需，而且为了遏制高通胀，把利率疯狂提高到100%。可以说，土耳其一改往日"浪子"形象，努力使一切都步入正轨，但也为此付出了里拉在8个月内贬值了一半多的代价（图11-3）。好在这只是汇率放开以后短暂的阵痛，土耳其里拉汇率确实波动了一下，但很快被控制住，土耳其的通胀也迅速被压制下来。

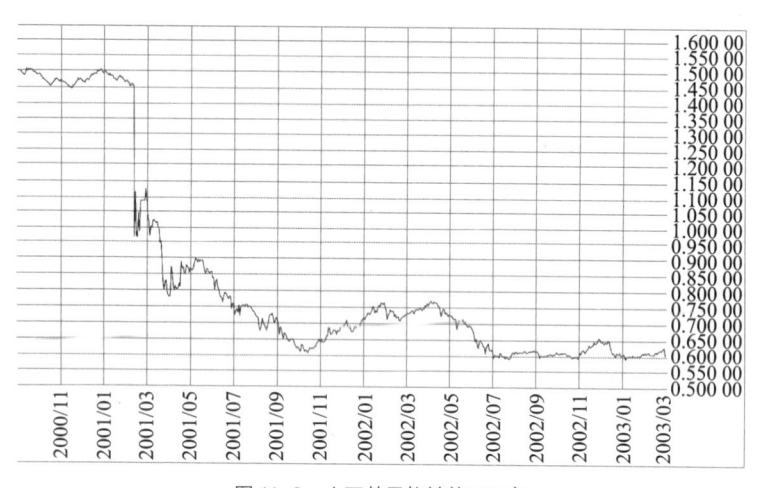

图11-3 土耳其里拉兑美元汇率

注：为方便表征，图中土耳其里拉已换算为2005年推出的新里拉。

来源：TradingView

土耳其还调整了自己的货币。因为里拉贬值太严重，随便吃顿饭就要几千万里拉，有些阻碍经济的通畅运行，土耳其于2005年推出了新里拉，每1新里拉相当于100万旧里拉。

终于，土耳其的经济发展迎来了"春天"！大量外部投资涌入，全面带动了土耳其经济的发展，自 2002 年到 2013 年间，除了 2008 年金融危机带来的冲击，土耳其 GDP 一直保持着每年 5%~12% 的增速，土耳其的 GDP 总量如图 11-4 所示，通货膨胀率也一直保持在低位（图 11-5）。

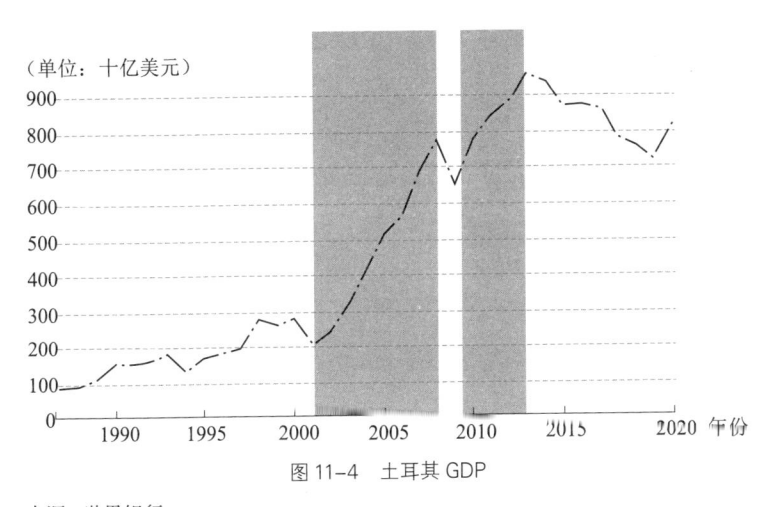

图 11-4 土耳其 GDP

来源：世界银行

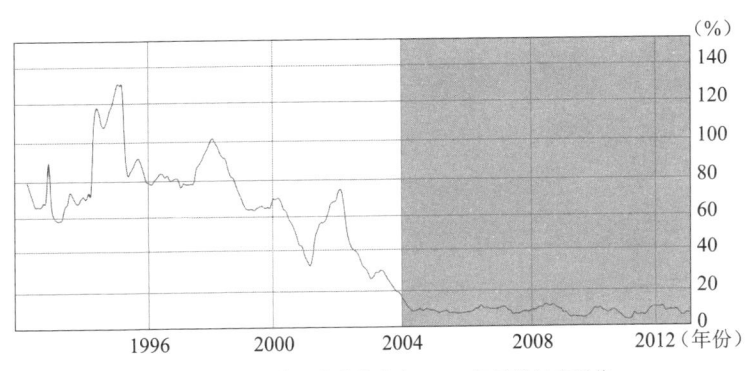

图 11-5 土耳其通货膨胀率在 2004 年后维持在低位

来源：土耳其统计研究所

土耳其的重工业、纺织业、农业等行业也快速崛起，出口额在 8 年之间翻了 6 倍。旅游业更是发展迅猛，2019 年土耳其成了全球游客第六多的国家，每年通过旅游业获得 300 多亿美元的收入。

但在繁荣的表象背后，土耳其的经济发展也有两大问题不容忽视。

首先是贸易逆差问题。土耳其的进口额长期大于出口额，也就是说，这个国家购买的东西一直比卖出的多，造成经常账户赤字。土耳其是全球经常账户赤字最严重的国家之一。

进口需要用欧元或美元，土耳其哪来这么多美元去支持它的贸易逆差呢？这就与它的第二大问题——外债有关了。

从图 11-6 可以看到，与政府债务下降形成鲜明对比的，是土耳其的私人借贷量快速攀升。土耳其当时为了加入欧盟，金融系统非常开放，民众想兑换外汇很容易。而对于土耳其的企业来说，欧元、美元币值稳定，贷款利率也低，在贷款时也更倾向于去

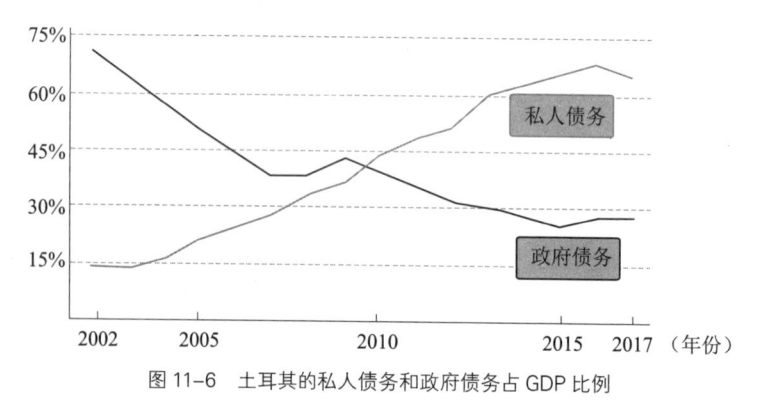

图 11-6 土耳其的私人债务和政府债务占 GDP 比例
来源：世界银行，国际货币基金组织

借"外债"。

本来贷款增加不一定是坏事,大家都愿意借钱说明投资需求、消费需求都很旺盛,这其实是当代经济体愿意看到的现象。但土耳其的问题在于,其贷款都是外债,借的都是欧元、英镑、美元!这些外币印多少、利率是多少,都不受土耳其央行的干预。

到 2019 年时,土耳其居民有超过 50% 的存款均为外币——本国人竟然都不爱存里拉,而是存外币(图 11-7)!

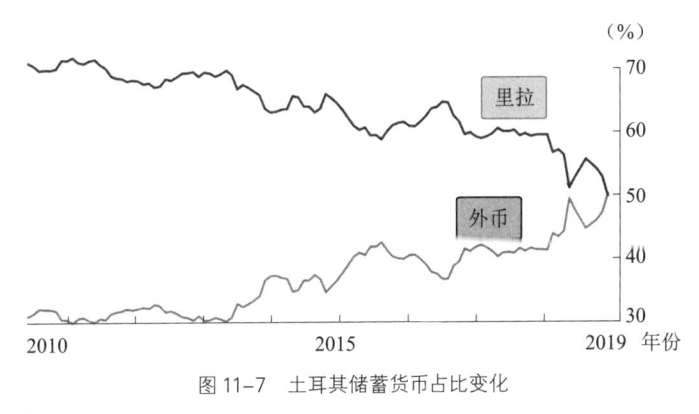

图 11-7 土耳其储蓄货币占比变化

来源:Banking Regulation and Supervision Agency

这也产生了一个专有名词——美元化(Dollarisation),实际上这个词不是仅指美元,而是泛指所有外币。

居民大量借外债、储外汇,在平时倒也不是不行,但是万一出了什么问题,国家就会面临很大的麻烦。土耳其就是如此,好景不长,这个麻烦很快就来了。

特立独行的土耳其总统

2014年，土耳其前总理埃尔多安上任为总统。其实他早在2003年就已经是土耳其的总理，土耳其这些年的繁荣他也有很大的功劳，所以民众对他很拥护。可这次埃尔多安却把土耳其带上了一条非常奇怪的路。

被美国制裁的土耳其

虽然土耳其的经济发展得很好，但因为它严重的贸易逆差，市场担心它会出现美元荒，最终像斯里兰卡那样因为还不上外债而走向破产。所以从2015年开始，土耳其里拉兑美元的汇率就开始持续下跌。

到了2018年，土耳其作为北约成员国，却从俄罗斯那里买了一些战斗机，这把美国给惹毛了，特朗普对土耳其的钢铁和铝施加了惩罚性关税，而且还直接威胁说：如果你不管好自己，我就将完完全全摧毁土耳其的经济！

埃尔多安也是人狠话又多，一点不怵特朗普，激情澎湃地在国内发表演讲：不要管美国，他们有美元，但我们有人民，有我们的神！

他演讲一时爽，市场可不会因此就买账。大家本来就对土耳其的美元化问题非常担心，这下它又和美国对抗，于是国际投资者纷纷在恐慌中离场。可以看到，从2018年到2019年间，土耳其的外资减少了将近一半。土耳其里拉兑美元的汇率更是"一泻千里"。

外资的撤离也导致土耳其很多公司甚至普通人资金链断裂。土耳其国内已经沉寂了 10 年的通胀开始抬头。

永不加息

面对这类危机，各国央行一般都会通过加息来应对，加息可以抑制通胀、托底汇率，这也几乎是各国的通用操作了。但这个时候，总统埃尔多安却跳出来表示，土耳其不应该加息，而应该降息，因为"利率是恶魔的父母"。埃尔多安的具体想法这里先不展开来说。总之，他极为强硬地要求央行降息，以土耳其一国之力，跟世界各国的经验作对。

那埃尔多安成功了吗？我们前文提到过，央行已经从政府独立出去，理论上，它不需要再遵从埃尔多安的指示。可谁知埃尔多安早有准备，在 2017 年就修改了宪法，让作为总统的自己拥有任免央行官员的权力。如果土耳其央行坚持加息，他就有权更换行长。2019 年，埃尔多安把原来的央行行长免职，换了一位新行长，新行长上任后立刻实施全国降息的策略。

面对如此非常规操作，外资更加恐慌，开始疯狂撤离土耳其，土耳其里拉汇率继续下跌。新央行行长看局面要失控了，于是开始加息，结果又被埃尔多安免职了。第三任行长撑了没多久，又不得不实施加息政策，然后，毫不意外地又被埃尔多安撤销了职务。就这样，堂堂土耳其央行行长两年之间换了四个。

最终，新上任的行长不得不臣服：总统说降息就降！这也意味着之前土耳其好不容易建立起来的央行独立机制被埃尔多安打破了。

连土耳其前总理都说：埃尔多安根本不懂经济，他身边的人也全都不懂经济，他就像从另一个星球来的！

埃尔多安的经济主张

但埃尔多安真的是随随便便做出降息决定的吗？其实他在很多公开场合也透露过一些自己的思考。当然，这不足以让我们百分之百准确地了解其全部思想和动因，这里仅对其中与经济学相关的部分进行讨论。

其实，埃尔多安有一套自己的逻辑链条：降息会带动需求和投资的增长→需求和投资的增长带动商品的增加→商品供给的增加如果高于需求的增加，则商品价格会下降。这样一来，就既控制住了通胀，又保证了经济的增长。

他的想法也不是全无道理，降息确实能起到促进投资和生产的作用，但一般经验表明，低利率带来的负面效用会远大于这些正面效果，在大多数情况下，低利率都会导致原本通胀的环境里需求增加更明显，通货膨胀率更高，经济过热更严重。此处可以用一个不太准确的类比来帮助大家理解埃尔多安的想法：如果想让一个滑得很快的小车停下来，正常情况下应该去拉它，可是埃尔多安却认为应该推它，越推它速度越快，受到的摩擦力和空气阻力也越大，如果阻力和摩擦力大于推力，这辆车的速度不就降下来了吗？所以，在埃尔多安看来，如果想让小车慢下来，不应该拉，而是应该推！

虽然经济学没有物理学那么绝对，但对于他的这套理论，大多数经济学家都会觉得不可理喻。或许此刻,我们对土耳其央行行长的无语程度都会感同身受了。

但埃尔多安就是坚定地认为,刺激经济的时候应该降息,经济过热通货膨胀之时也应该降息。总之,不管通胀率是多少,利率一定要降到零!

如果再追问,为什么他一定要把利率降到零呢?除了他特立独行的经济学思考,在一定程度上与土耳其的宗教信仰有关。

土耳其是一个信仰伊斯兰教的大国,埃尔多安本人也是穆斯林。在伊斯兰教的教义中,认为收取利息这种用金钱来牟利的行为是罪恶的,所以埃尔多安才说"利率是恶魔的父母"。也正是这个原因,土耳其银行做生意也多少有些名不正、言不顺,它们会想各种办法来绕开所谓"罪恶的利率"。比如土耳其人想从银行贷款买房,银行不能直接收取买房人的利息,而是先把房子买下来,再以更高的价格卖给买房人,同时向买房人提供零息贷款。

反常规降息的后果

那如此反常规的降息操作结果如何呢?

屋漏偏逢连夜雨,埃尔多安任期内,恰巧发生了 2022 年能源危机,油价暴涨,土耳其作为能源进口大国,自然也是陷入了步履维艰的境地。图 11-8 是土耳其官方统计的通货膨胀率,半年之内从 20% 飙升到 80%。而据民间估算,实际通胀率可能在 100%~200%。外资的恐慌更加严重,陆续撤离,土耳其里拉的汇率也在一年之内又跌了一半。

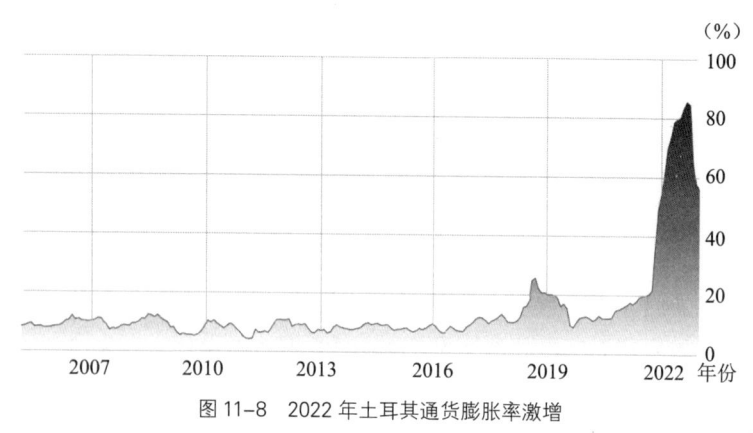

图 11-8 2022 年土耳其通货膨胀率激增
来源：土耳其统计研究所

而在不加息的政策下，土耳其的经济状况丝毫没有好转，反而更糟糕了。土耳其民众只好将手里的里拉尽可能多地换成外币，实在换不了的，就拿去消费、囤货、买房、买股票。毕竟这个时候如果存银行定期，利息低不说，钱还飞快贬值，所以大家存钱的意愿都不高。

于是，2022 年土耳其国内消费大幅上涨，股市涨幅更是创下 2022 年全球之最，一年之内暴涨 300%。这么强的消费也带动了土耳其 2021 年和 2022 年的 GDP 上涨，在全球经济疲软并受能源危机打击的大背景下，依然达到了 5.6% 的增长率。

好像真如埃尔多安所说，降息可以带动消费、投资和经济增长。但大部分土耳其民众可不会这么想，这只不过是一种虚假繁荣，民众是因为对货币贬值恐慌而不得不消费、买股票，并非因为对未来充满信心。所以虽然 GDP 暂时上升，但其实无法持久，埃尔多安的支持率也因此一路下跌。

在这种情况下，最难过的还是低收入人群。土耳其富裕的家庭、企业，还可以通过换外汇、投资等手段来抵御通胀，而低收入人群就只能眼看着手里的钱一点点变少，工资上涨速度可远没有通胀那么快。贫富差距也进一步被拉大，现在土耳其有将近一半的人口都只能靠最低工资度日。

图 11-9 是土耳其的人口结构图，45 岁以下的人口数量本来非常多。但经过埃尔多安一折腾，土耳其每年平均流失 30 万年轻

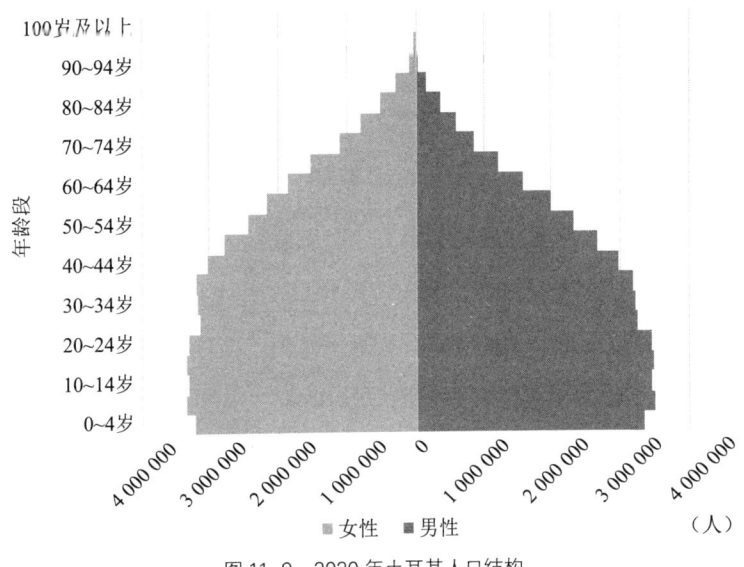

图 11-9　2020 年土耳其人口结构

来源：联合国

人，而这些移民别国的人，往往都是受过高等教育的人才。而根据一家德国公司的问卷统计，有73%的年轻人表示，如果可能，他们希望离开土耳其发展。

人才和信心同时流失，会对一个国家的长期发展产生不可估量的影响。

对内补贴，对外交友

面对越来越严重的通胀和民众的怨声载道，埃尔多安也没有坐以待毙。

除了非要降息，埃尔多安在其他方面并不糊涂，他知道土耳其最严重的问题就是资本外流，必须采取措施，以免本国人把里拉全部换成美元。而且马上就要举行总统大选了，能否扭转局面也关乎他能否连任。

于是，埃尔多安在防止资本外流和引入外部投资两个方面都各采取了一些措施。

首先是防止资本外流。不仅仅是限制银行外汇比例这种基础操作，还非常有想象力地推出了一种能受外汇保护的存款模式。比如有人手上持有大量美元，只要他把美元换成里拉，哪怕他因为汇率变化亏损了，也可以由银行补足这一亏损，实际上是让银行替存款者承担外汇风险。

然后是引入外部投资，或者说拉拢外部同盟。

我们前文提到，土耳其一直都是一个巨大的能源进口国。尽管北边是俄罗斯，南边是中东，全都是能源丰富的地方，可偏偏土耳其的化石能源非常稀缺，超过90%的消耗都需要靠进口满足。埃尔多安也意识到了能源的重要性，开始一改往日撑天撑地的性格，和那些能源大国建立友好外交关系。

比如，土耳其虽然是北约成员国，但不仅反对西方制裁俄罗斯，还积极和俄罗斯进行贸易往来。俄乌冲突之后，土耳其和俄罗斯之间的贸易反倒比之前还多，还成功从俄罗斯那里拉到了91亿美元的投资来建造新核电站。另一边，土耳其莫名其妙地开始跟阿联酋称兄道弟。要知道埃尔多安在2016年经历了一场军事政变，这场政变背后的金主之一就是阿联酋，所以埃尔多安和阿联酋是水火不相容的，这回也不计前嫌了，双方签署了一项49亿美元的互换协议。埃尔多安与埃及总统塞西也握手言和。另外，土耳其还从自己的老朋友卡塔尔那儿拿到了100亿美元贷款，从沙特拿到了50亿美元贷款。

短短一年，土耳其多了好几个"好哥们儿"，也获得了几百亿美元的投资。而且这些国家都是化石能源大户，以后土耳其大量的化石能源进口，也可以靠这帮新结交的朋友。我只能说，没有永远的敌人，只有永远的利益。

土耳其经济是否能步入正轨仍未可知

2023年2月6日，土耳其连续遭受两次高达7.8级的地震，至少4.5万人丧生。土耳其政府至少需要花800亿美元进行灾后重建。这对民众的信心、政府债务还有通货膨胀的控制都带来了巨大的冲击。

2023年5月28日,埃尔多安以52.14%比47.86%的支持率成功战胜对手,获得连任。自2003年当选总理,2014年转做总统,已经执政20年的埃尔多安即将开启下一个5年任期。这次他似乎对于"利率是恶魔的父母"这件事的态度有所放松,重新任命的财政部长和央行行长都曾有国外教育背景和金融业从业经验,这让很多人认为,土耳其经济政策将从"非正统"步入"正统"的轨道——至少,海外投资者应该会对来土耳其投资更放心一些。不过,埃尔多安本人在采访中还是非常坚定地表示:我不改,就是要让通胀率和利率一起下降。

2023年6月22日,土耳其央行宣布将其政策利率从8.5%上调至15%,这是土耳其自2021年3月以来首次加息。但由于加息幅度有限,土耳其里拉兑美元的汇率还是保持了下跌趋势。与2021年相比,土耳其里拉相对美元的贬值幅度已接近70%。

结语

土耳其的地理位置十分特殊,位于亚洲与欧洲的交界处,有着自己独特的政治地位和宗教文化。它既是北约成员国,多年来试图加入欧盟,同时又与俄罗斯和中东国家有着频繁的往来,分析其发展只从经济角度来考虑可能会错过很多内容,但由于篇幅所限,本章只截取了与埃尔多安有关的部分内容进行讨论。而埃尔多安本人也存在巨大争议,在他20年的执政生涯中,外界对于其强硬作风的批评也不绝于耳,而另一部分人则恰恰因此成为他的忠实拥趸。

至于未来的土耳其到底是能成功控制住通胀,还是像委内瑞拉或阿根廷那样彻底还不起债,只能等时间来给我们答案了。

后记

感谢你能读到这里,不知道这本书有没有带给你更多经济学的温度?

祝愿在这变幻的世界里,我们前行的路上都能有经济知识一路陪伴。

或许很多时候经济学也没那么高效,无法让你知道下一顿要吃什么,或是今年要不要买房,但我相信,对更大世界的理解,会潜移默化地帮我们在面对未知时少一点慌张、多一些从容。

另一方面,也祝愿大家在感受宏观经济温度的同时,也能感受到微观的幸福与快乐。

所谓时势,其实也正由我们身边的每时每刻构成。